Volker Hage

Auf den Spuren der Dichtung

Volker Hage

Auf den Spuren der Dichtung

Reisen zu berühmten Schauplätzen der Literatur

btb

Ein Bildnachweis findet sich am Ende des Bandes.

Umwelthinweis:
Dieses Buch und sein Schutzumschlag wurden auf chlorfrei gebleichtem Papier gedruckt.
Die Einschrumpffolie (zum Schutz vor Verschmutzung) ist aus umweltschonender und recyclingfähiger PE-Folie.

btb Bücher erscheinen im Goldmann Verlag,
einem Unternehmen der Verlagsgruppe Bertelsmann.

1. Auflage

Satz: IBV Satz- und Datentechnik GmbH, Berlin
Druck: Presse-Druck Augsburg
Bindung: Großbuchbinderei Monheim
Printed in Germany
ISBN 3-442-75005-9

FÜR JEANETTE,
FÜR UNTERWEGS

INHALT

VORBEMERKUNG

Es hat seinen ganz eigenen Reiz, die Orte und Landschaften aufzusuchen, von denen in Romanen, Erzählungen und Gedichten zu lesen ist. Warum? Macht uns das klüger? So zu fragen führt in die Irre. Wer sich vor Ort umschaut, der geht einer Faszination nach, der ist als Leser längst gefangen und muß sich nicht puristisch nach Sinn und Zweck des Unternehmens und seiner Leidenschaft befragen lassen.

Das Vorhaben, sich der Schauplätze geliebter Bücher per Augenschein zu vergewissern, ist keine Erfindung unserer reiselustigen Gegenwart. Als der junge Marcel Proust Ende des neunzehnten Jahrhunderts in Illiers im Garten seiner Tante saß, verspürte er (wenn wir eine Passage aus dem Romanwerk »Auf der Suche nach der verlorenen Zeit« einmal für bare Münze nehmen dürfen) große Lust, Reisen dieser Art zu unternehmen: »Hätten meine Eltern mir erlaubt, den Schauplatz eines Buches, das ich las, selber aufzusuchen, so hätte das meiner Meinung nach einen unschätzbaren Fortschritt in der Eroberung der Wahrheit bedeutet.«

Später jedoch sollte der Erzähler erkennen, daß Gegenden und Gegenstände, die einem aus der Literatur vertraut zu sein scheinen, in der Realität ernüchternd wirken können: »Enttäuscht stellt man fest, daß sie von Natur jenen Reiz nicht besitzen, den sie in der Welt unserer Gedanken durch die Nachbarschaft gewisser anderer Vorstellungen angenommen haben.«

Also lieber daheim bleiben? Zu hochgespannte Erwartungen können in der Tat problematisch sein – doch worauf Proust wohl vor allem den Blick lenken wollte, ist jene bemerkenswerte Verzauberung, die eigentlich ganz gewöhnliche Örtlichkeiten und Dinge durch ihren Eingang in die große Welt der Literatur erfahren. Natürlich ist das dörfliche Illiers, das in Prousts Jahrhundertroman als Combray zum Ausgangspunkt und Urgrund einer umfassenden »Recherche« wird, auf den ersten Blick nicht gerade eine Attraktion. Doch dem Proust-Leser kann es eine zusätzliche Dimension der Lektüre eröffnen – wie umgekehrt der reale Ort durch die Kenntnis des Romans mehr als eine Dimension hinzugewinnt.

Das Faszinosum ist schwer zu greifen – und nach ihm wird auch in den folgenden sieben Reise- und Literaturreportagen immer wieder gefragt werden. Ein Stück weit läßt es sich vielleicht damit erklären, daß das Wandeln auf den Spuren der Schriftsteller und ihrer Werke das Gefühl vermitteln kann, auf dieser Welt etwas mehr zu Hause zu sein. Da steht man an einem Zipfel der Welt, in Montauk auf Long Island, am Wasser unterhalb von Schloß Duino oder auch mitten im Getriebe, auf der Kurpromenade von Travemünde – und kann (mit Thomas Mann, der das »Hamlet«-Wort auf die Wiederbegegnung mit seinem Ferienort aus Kindertagen bezog) einfach sagen: Der Gedanke an die literarische Präsenz »sitzt lächelnd um mein Herz«. Ein kleiner Punkt inmitten der unübersichtlichen

Welt, eine ihrer unzähligen Stätten ist – dank der Wahl eines Dichters – herausgehoben aus der Beliebigkeit.

Die Bindung der sieben Schriftsteller an die jeweiligen Schauplätze ist unterschiedlich eng. Für Thomas Mann war das Seebad in Schleswig-Holstein ein Fall von lebenslanger Zuneigung und Verbundenheit: Lübeck, das im Roman »Buddenbrooks« die größere Rolle spielt, war für ihn Geburtsstadt und »geistige Lebensform«, Travemünde aber das »Kindheitsparadies«, unvergessen. Ebenso spielt der Berliner Alexanderplatz in der Biographie Alfred Döblins eine herausragende Rolle, ganz unabhängig davon, daß der gleichnamige Roman das Leben des Autors gründlich verändern sollte. Ähnliches läßt sich von der Bedeutung Dublins für den irischen Dichter James Joyce (»Ulysses«) sagen – und natürlich von Prousts französischem Dorf in der Nähe von Chartres.

Dagegen war der Besuch des Schweizers Max Frisch im amerikanischen Montauk zufälliger und beiläufiger Natur: ein Wochenendtrip mit einer jungen Frau im Mai 1974. Doch der Ort auf Long Island sollte ihm später – bei der Niederschrift der Erzählung »Montauk« – zur Folie einer faszinierenden Selbstbefragung werden. Nicht viel anders die beiden Schlösser, die im Leben zweier Dichter eigentlich nur eine kleine Rolle spielten: Kurt Tucholsky kam im Frühsommer 1929 – mit Freundin – als Tourist an den schwedischen Mälarsee, wo er während des Urlaubs freien Blick auf jene Türme von Gripsholm hatte, die er im Jahr darauf in seinem Roman »Schloß Gripsholm« verewigen sollte. Und als der in Prag geborene Rainer Maria Rilke 1911/12 für wenige Monate als einsamer Gast auf dem damals zu Österreich (heute zu Italien) gehörenden Schloß Duino bei Triest weilte, gelang ihm dort nicht nur der Beginn eines bedeutenden Gedichtzyklus, den er später nach der Stätte der Inspiration »Duineser Elegien« nannte, sondern der Dichter rang sich in diesen Wochen auch zu einem wichtigen Entschluß durch: Er entschied sich dagegen, seinen seelischen Problemen, wie oft erwogen, mit dem Gang zum Psychoanalytiker zu begegnen – wobei das eine, der Schaffensimpuls, mit dem anderen, der Absage an die Therapie, auf interessante Weise miteinander verbunden sind.

Es ist überhaupt spannend zu sehen, wie sich in allen sieben Beispielen biographische Details und bisweilen entscheidende Wendungen im Leben der Schriftsteller an einem geographischen Punkt kristallisieren. Offenbar gibt es Brennpunkte, Schlüsselorte, die für Biographie und Werk gleichermaßen von Bedeutung sein können. So sind diese Reportagen von ihrer Absicht her mehr als nur Reisegeschichten: Der Weg zu den Schauplätzen weitet nicht allein den Blick für Stätten und Landschaften, sondern eröffnet zugleich Einblick in die Arbeits- und Lebensweise der Schriftsteller – und gibt nicht zuletzt Gelegenheit, sich ohne wissenschaftlichen Anspruch, gewissermaßen im Vorübergehen, jenen Werken, die dort spielen oder ihren Ausgang nehmen, noch intensiver zu nähern. Dieses Buch wendet sich an Liebhaber der Literatur, nicht an Spezialisten – wobei ich hoffe, daß auch Kenner darin noch Entdeckungen machen können.

Zu der Mehrzahl der auf den folgenden Seiten präsentierten Werke gibt es eine Fülle von Interpretationen und Studien – so daß mir gerade der unbeschwerte Zugang reizvoll erschien. Auch so nämlich könnten die sieben Besuche in Europa und Amerika am Ende eine kleine – und gewiß unrepräsentative – Reise quer durch die Literatur des zwanzigsten Jahrhunderts mit all ihrer formalen Vielfalt ergeben. Das reicht vom Familienroman »Buddenbrooks« aus dem Jahr 1901 und den mittlerweile schon als Klassiker der Moderne geltenden Romanexperimenten »Auf der Suche nach der verlorenen Zeit« (Publikation des ersten Bandes: 1913), »Ulysses« (1922) und »Berlin Alexanderplatz« (1929) über den komplexen Lyrikzyklus »Duineser Elegien« (1923) und die scheinbar leichte, doch alles andere als leichtgewichtige Sommergeschichte »Schloß Gripsholm« (1931) bis hin zu der meisterlichen kleinen Erzählung »Montauk« (1975), die die Summe nicht nur des Lebens eines Mannes, sondern auch eines großen Erzählers und vielleicht des Erzählens überhaupt zieht. Übrigens sind alle erwähnten erzählenden Werke, einschließlich des letzteren, verfilmt oder filmisch umgesetzt worden, einige gleich mehrfach; auch davon soll gelegentlich die Rede sein.

Nur im Fall von Max Frisch, der 1991 starb, ergab sich noch die Gelegenheit, die Absicht zu besprechen, den Schauplatz eines seiner Bücher aufzusuchen. Er riet dringend ab: Montauk sei ein ganz langweiliger Ort – ich sollte mir in den USA doch lieber andere Plätze anschauen. »Man hat schon großartigere Landschaften gesehen ... in der Ferne ein plumper Leuchtturm«, heißt es in »Montauk«. Ich fuhr trotzdem, und der Besuch auf Long Island gehört zu den interessantesten Reisen auf den Spuren der Literatur überhaupt – selbst der Leuchtturm gewinnt in den Augen des Besuchers mit dem Buch in der Hand plötzlich an Charme. Der Bericht darüber bildet den Abschluß des vorliegenden Buches.

»Literatur hebt den Augenblick auf, dazu gibt es sie«, heißt es bei Frisch. Bisweilen hebt sie auch einen Ort auf –

in des Wortes doppelter Bedeutung: Er wird zu einem anderen, einem bereicherten – und er wird zugleich haltbar gemacht, umgeben von literarischer Aura. Sollte es mir gelungen sein, das komplexe Geflecht von Werk und Biographie, von Historie und Rezeption ein wenig zu erhellen, so wäre ich zufrieden. Noch mehr natürlich, wenn dieses Buch Lust machen sollte, erneut oder zum ersten Mal zu einem der in ihm beschriebenen Bücher zu greifen.

Diese Texte sind in einem Zeitraum von vielen Jahren entstanden. Zum Teil mag es noch Spuren einer fast jugendlichen Begeisterung darin geben, Spuren, die ich nicht tilgen wollte – auch wenn alle Kapitel aktualisiert und ergänzt, überprüft und überarbeitet worden sind. Die Mehrzahl von ihnen ist zunächst im »FAZ-Magazin« oder im »Zeit-Magazin« erschienen; der Beitrag über Thomas Mann und Travemünde zusätzlich in einer inzwischen vergriffenen illustrierten Buchausgabe unter dem Titel »Eine Liebe fürs Leben«. Das Kapitel über Döblin und den Berliner Alexanderplatz wird in dieser Form erstmals veröffentlicht. Lediglich die Reportage über Dublin habe ich in ihrer ursprünglichen Form belassen (und mit einem Nachtrag versehen), da der erste Besuch im Frühsommer 1982, der mit den Feiern zum hundertsten Geburtstag von James Joyce zusammenfiel, selbst schon historisch geworden ist: Was damals noch zu sehen war, ist heute zum größten Teil verschwunden.

Nicht nur Bücher, auch Schauplätze haben ihr Schicksal, heißt es am Schluß des Joyce-Kapitels. Kurz vor Drucklegung dieses Buches kam aus Italien die Meldung, daß das Inventar von Schloß Duino versteigert wird. Und so wurde dann, was den Dichter Rilke mehr als achtzig Jahre zuvor umgab und inspirierte, im Juni 1997 in alle

Welt verstreut: die Bibliothek, ein Nymphenkopf, der als Wandschmuck einst seine Aufmerksamkeit erregt hatte, die Möbel – darunter mit der Losnummer 345 auch ein Stuhl aus dem Bibliothekszimmer: Dank des Hinweises auf den früheren Benutzer (»utilizzato da Rainer Maria Rilke«) ging er für mehrere tausend Mark an einen neuen Besitzer. »Wie er auf / dem letzten Hügel, der ihm sein Tal / noch einmal zeigt, sich wendet, anhält, weilt«, heißt es in der achten Rilkeschen Elegie, »so leben wir und nehmen immer Abschied.«

Ferientage in Travemünde

Thomas Mann:
»Buddenbrooks«

Am 10. Juni 1953 fährt eine schwarze Limousine mit dem amtlichen Kennzeichen »AH 42/8890« ohne Halt durch die Hansestadt Lübeck, vorbei am Holstentor, die Königstraße hinunter, wieder hinaus durch das Burgtor. Der Wagen kommt aus Hamburg und ist auf dem Weg nach Travemünde. Dort, am Kurhaus, warten Journalisten. Es ist 12 Uhr 30, als das Auto vorfährt. Der Mann, der mit seiner Frau aussteigt, ist fast ein Vierteljahrhundert nicht an diesem Ort gewesen, und die erste Begegnung liegt sogar mehr als siebzig Jahre zurück. Am nächsten Tag, am 11. Juni 1953, wird in der »Lübecker Freien Presse« zu lesen sein: »Die Travemünder, die gestern mittag einen schlanken älteren Herren beobachten konnten, der mit grauem Ulster, grauem Hut und Schirmstock neben einer gut aussehenden Dame mit kurzgeschnittenem Silberschopf über die Promenade ging, mochten weder wissen, wer dieser sehr korrekt wirkende Herr sei, noch, was ihn bewegte, wenn er auf die vom Ostwind hochgetriebene See hinausblickte.«

Ja, was mag ihn, Thomas Mann, in diesem Augenblick bewegt haben? Bis vor einem Jahr hat die Adresse des seit wenigen Tagen 78 Jahre alten Schriftstellers gelautet: Pacific Palisades, California, 1550 San Remo Drive; nun, seit einem halben Jahr, lautet sie: Erlenbach bei Zürich, Glärnischstraße 12. Thomas Mann lebt wieder in Europa. Und jetzt ist er, zunächst nur für wenige Stunden, an den Lieblingsort seiner Kindheit zurückgekehrt.

»O ja, ich gestehe – ich bin recht, recht ergriffen!« So kolportieren es die Zeitungen. Und: »Richtige Seeluft, die hier, wo ich zu Hause war, rauher ist als drüben am Strand des Pazifik!« Hans Schrem, Chefredakteur der »Lübecker Nachrichten«, hat das Privileg, das Ehepaar Mann zum Mittagessen ins Kurhaus einzuladen. Eine Brühe hätten die Gäste gewählt, liest man tags darauf in seinem Blatt. Ein Stückchen Wildbraten und Obst, »dazu keinen Rotwein, sondern ein Glas Bier«. Und Thomas Mann wird mit den Worten zitiert: »In meiner Jugend – man saß damals an großen, langen Tischen – waren fünf Gänge üblich. Nach dem ersten pflegte ich in einen Nebenraum zu gehen und mich auf ein Sofa zu legen und zu schlafen; der Kellner hatte Weisung, mich zum Pudding zu wecken...!«

Thomas Mann und Travemünde: das ist die Geschichte einer dauerhaften Liebe, jener ersten großen Liebe, die auch von späteren nie mehr ganz zu löschen ist, die vielmehr untergründig weiterlebt und den Menschen begleitet wie der eigene Schatten, die Geschichte einer Leidenschaft, die bis ans Lebensende währt, die selbst noch in der Ferne und Fremde Schutz und Kraft gibt. Thomas Mann und Travemünde: das ist keine flüchtige Jugendbekanntschaft, die im Alter noch einmal erneuert wurde, sondern ein treues, inniges Verhältnis, ein tragender Pfeiler im Leben und Werk des Erzählers und Epikers.

»Nächst's Jahr wieder, Hannochen«

Wer den Roman »Buddenbrooks« liest, wird jene Szene nie vergessen, in der ein kleiner Junge, dem auf Erden ohnehin nur einige wenige Jahre beschieden sind, erstmals tiefe Trauer erlebt, die frühe Ahnung von Abschied und Verlust – bei der Abfahrt von Travemünde nämlich: »Die bepackte Droschke hielt vorm Kurhause, der Tag war da. Hanno hatte frühmorgens der See und dem Strande sein Adieu gesagt; er sagte es nun den Kellnern, die ihre Trinkgelder entgegennahmen, dem Musiktempel, den Rosenbeeten und dieser ganzen Sommerszeit. Und dann, unter den Verbeugungen des Hotelpersonals, setzte sich der Wagen in Bewegung.«

Die Sommerferien sind vorbei, und der kleine Hanno Buddenbrook muß, begleitet von seinem Kindermädchen, die Rückfahrt nach Lübeck antreten, voller Kummer. Man fährt durch das Städtchen, jene Straße am Fluß Trave entlang, die den schönen Namen »Vorderreihe« trägt: »Hanno drückte den Kopf in die Wagenecke und sah, an Ida Jungmann vorbei, die fischäugig, weißhaarig und knochig ihm gegenüber auf dem Rückplatz saß, zum Fenster hinaus. Der Morgenhimmel war weißlich bedeckt, und die Trave warf kleine Wellen, die schnell vor dem Winde dahereilten. Dann und wann prickelten Regentropfen gegen die Scheiben. Am Ausgange der Vorderreihe saßen Leute vor ihren Haustüren und flickten Netze; barfüßige Kinder kamen herbeigelaufen und betrachteten neugierig den Wagen. Die blieben hier.« Und dann bricht sich der Kummer Bahn: »Als der Wagen die letzten Häuser zurückließ, beugte Hanno sich vor, um noch einmal den Leuchtturm zu sehen; dann lehnte er sich zurück und schloß die Augen. ›Nächst's Jahr wieder, Hannochen‹, sagte Ida Jungmann mit tiefer, tröstender Stimme; aber dieser Zuspruch hatte nur gefehlt, um sein Kinn in zitternde Bewegung zu setzen und die Tränen unter seinen langen Wimpern hervorquellen zu lassen.«

Diese Romanpassage ist – wie manches bei Thomas Mann – weitgehend autobiographischer Natur. In einem kurzen »Lebensabriß« aus dem Jahr 1930 heißt es klar und uneingeschränkt: »Die lichtesten Zeiten meiner Jugend aber waren die alljährlichen Sommerferienwochen in Travemünde mit ihren Badevormittagen am Strande der Ostseebucht und ihren Nachmittagen zu Füßen des fast ebenso leidenschaftlich geliebten Kurmusiktempels gegenüber der Hotelanlage.« Und weiter: »Die gepflegte, geschützte und unbildenlose Idyllik dieses Aufenthalts mit vielgängigen Table-d'hôte-Mahlzeiten sagte mir unbeschreiblich zu; sie leistete meiner natürlichen, viel später erst leidlich korrigierten Neigung zu träumerischer Trägheit Vorschub, und wenn die anfangs unabsehbaren vier Wochen zu Ende waren und es nach Haus in den Alltag ging, so war meine Brust von dem weichlichen Schmerz der Selbstbemitleidung zerrissen.«

In diesem Tenor, bisweilen mit fast identischen Wendungen, hat Thomas Mann das auch schon zuvor und noch später verschiedentlich formuliert. Es ist aufschlußreich, wie nachdrücklich er darauf besteht, daß von ihm zunächst ein Hang zu Trägheit und Träumerei zu überwinden war, um jene Lebensanstrengung auf sich nehmen zu können, der das literarische Werk zu verdanken ist – das wiederum, so kann man vermuten, gar nicht erst in Gang gekommen wäre ohne die kindliche Neigung eines Hanno, eines Thomas Mann, sich dem Zwang, oder wie ein Schriftsteller unserer Tage sagt, dem Gewicht der Welt zu entziehen.

Und sei es nur für vier wunderbare Wochen: »Sommerferien an der See!« Da sind wir wieder im Travemünde der »Buddenbrooks«: »Begriff wohl irgend jemand weit und breit, was für ein Glück das bedeutete? Nach dem schwerflüssigen und sorgenvollen Einerlei unzähliger Schultage vier Wochen lang eine friedliche und kummerlose Abgeschiedenheit, erfüllt von Tanggeruch und dem Rauschen der sanften Brandung... Vier Wochen, eine Zeit, die an ihrem Beginne nicht zu übersehen und ermessen war, an deren Ende zu glauben unmöglich und von deren Ende zu sprechen eine lästerliche Roheit war.«

So muß es wohl gewesen sein: In den achtziger Jahren des vergangenen Jahrhunderts kam der kleine Thomas mit seiner Familie regelmäßig in das Seebad Travemünde, das schon damals einen guten Namen hatte. Man kam in der Tat genau für vier Wochen, von Mitte Juli bis Mitte August, das erste Mal, als der Knabe sieben Jahre alt war, also 1882. Und dann Jahr für Jahr, solange Thomas Mann zur Schule ging. Die Familie Mann wohnte in einem der beiden »Schweizerhäuser«, die es heute nicht mehr gibt und die direkt neben dem Kurhaus standen, das damals lediglich zwei Geschosse hatte. Hier, auf einem kleinen Areal, spielte sich seinerzeit das gesellschaftliche Leben des Bades ab, zumindest das der gehobenen Kreise, jener wohlhabenden Kaufmannsfamilien, die zum größten Teil aus Hamburg und dem nahen Lübeck herüberkamen; hier gab es eine beliebte Konditorei und vor allem: den Musiktempel. Der Strand war damals noch eine eher verwilderte Angelegenheit. Wohl gab es eine Badeanstalt, doch an eine Kurpromenade, wie sie heute das Bild bestimmt, war nicht zu denken – mit deren Bau wurde erst Ende des Jahrhunderts begonnen.

Nicht viel anders als seine Romanfigur dürfte auch der junge Thomas Mann den ersten Ferientag erlebt haben. »In einem der beiden Schweizerhäuser, welche, durch einen schmalen Mittelbau verbunden, mit der Konditorei und dem Hauptgebäude des Kurhauses eine gerade Linie bildeten: welch ein Erwachen, am ersten Morgen, nachdem tags zuvor ein Vorzeigen des Zeugnisses wohl oder übel überstanden und die Fahrt in der bepackten Droschke zurückgelegt war! Ein unbestimmtes Glücksgefühl, das in seinem Körper emporstieg und sein Herz sich zusammenziehen ließ, schreckte ihn auf... er öffnete die Augen und umfaßte mit einem gierigen und seligen Blick die altfränkischen Möbel des reinlichen kleinen Zimmers... Eine Sekunde schlaftrunkener, wonniger Verwirrung – und dann begriff er, daß er in Travemünde war, für vier unermeßliche Wochen in Travemünde!« Ein regelrechtes Ritual: »Er regte sich nicht; er lag still auf dem Rücken in dem schmalen gelbhölzernen Bette, dessen Linnen vor Alter außerordentlich dünn und weich waren, schloß hie und da aufs neue seine Augen und fühlte, wie seine Brust in tiefen, langsamen Atemzügen vor Glück und Unruhe erzitterte.«

So beginnt also Hannos Tag, »der erste dieser armseligen achtundzwanzig Tage, die anfangs wie eine ewige Seligkeit erschienen und, waren die ersten vorüber, so verzweifelt schnell zerrannen«. Thomas Mann bringt das Kunststück fertig, in der Schilderung eines einzigen Tagesablaufs die Atmosphäre der Jahr für Jahr wiederkehrenden Ferienwochen einzufangen – und zugleich eine topographische Gesamtschau des Städtchens Travemünde zu geben. Am Fenster stehend wandert Hanno in Gedanken zu seinen Lieblingsplätzen: »Das Leuchtenfeld, das seinen Namen nach dem Leuchtturm trug, der irgendwo zur Rechten aufragte, dehnte sich unter dem weißlich bezogenen Himmel aus, bis sein kurzes, von kahlen Erdflecken unterbrochenes Gras in hohe und harte Strandgewächse und dann in Sand überging, dort, wo man die Reihen der kleinen, hölzernen Privatpavillons und der Sitzkörbe unterschied, die auf die See hinausblickten. Sie lag da, die See, in Frieden und Morgenlicht, in flaschengrünen und blauen, glatten und gekrausten Streifen, und ein Dampfer kam zwischen den rotgemalten Tonnen, die ihm das Fahrwasser bezeichneten, von Kopenhagen daher, ohne daß man zu wissen brauchte, ob er ›Najaden‹ oder ›Friederike Oeverdieck‹ hieß.« Gefrühstückt wird auf dem Balkon oder unter einem großen Kastanienbaum in der Nähe des Spielplatzes, »dort, wo die große Schaukel hing«. Dann der Vormittag am Strand zu Füßen des »Sitzkorbes«: das »zärtliche und träumerische Spielen mit dem weißen Sande, der nicht beschmutzt«, während vom Kurhaus her die Musik mit ihrem Morgenprogramm herüberschallt. Es wird auch gebadet: »das hellgrüne, kristallklare Wasser schäumte weithin, wenn man es aufrührte«. Der Spaziergang am Strand entlang führt zum »Möwenstein«, einem riesigen Findling aus dem Geröll der Eiszeit unten am Wasser, oder zum »Seetempel«, einem kleinen Holzpavillon oben auf dem Steilufer. Dann wird es Zeit, sich aufs Zimmer zu begeben, um vor dem Hauptmahl, der »Table d'hôte«, noch ein wenig zu ruhen.

Die »Table d'hôte« wird von Thomas Mann als gesellschaftliches Ereignis geschildert: Man trifft die befreundeten Familien aus Lübeck, betrachtet die Gäste aus Hamburg, aus England und Rußland. Es gibt vier Gänge,

»die schmackhafter, würziger und jedenfalls auf irgendeine festlichere Weise zubereitet waren als zu Hause«. An der langen Tafel wird reichlich Champagner getrunken. Am Nachmittag folgt das Konzert, dem der kleine Hanno »unermüdlich« lauscht, während »die Erwachsenen zu den Klängen der Musik unter dem Zeltdache der Konditorei den Kaffee tranken«. Langeweile kommt nicht auf: »Es gab eine Schießbude im Kurgarten, und zur Rechten der Schweizerhäuser standen die Stallgebäude mit Pferden, Eseln und Kühen, deren Milch man warm, schaumig und duftend zur Vesperstunde trank. Man konnte einen Spaziergang machen, in das Städtchen, die Vorderreihe entlang; man konnte von dort aus mit einem Boote zum Priwall übersetzen, an dessen Strande es Bernstein zu finden gab.« Aber alle diese Ausflüge und Spaziergänge können doch eines nicht ersetzen: den geruhsamen Blick auf die Ostsee, auf der freilich reges Treiben herrscht. Denn Hanno weiß: »Und doch war das klügste stets, zur See zurückzukehren und noch im Zwielicht, das Gesicht dem offenen Horizonte zugewandt, auf der Spitze des Bollwerks zu sitzen, den großen Schiffen, die vorüberglitten, mit dem Taschentuch zuzuwinken und zu horchen, wie die kleinen Wellen mit leisem Plaudern wider die Steinblöcke klatschten und die ganze Weite ringsum von diesem gelinden und großartigen Sausen erfüllt war, das dem kleinen Johann gütevoll zusprach und ihn beredete, in ungeheurer Zufriedenheit seine Augen zu schließen.«

Übrigens gefällt es Hanno gar nicht, wenn am Sonntag der Vater, Senator Buddenbrook, aus Lübeck herüberkommt und »bei den Seinen« bis zum Montagmorgen bleibt – obgleich, wie es im Roman heißt, »dann Eis und Champagner an der Table d'hôte serviert ward, obgleich

Eselsritte und Segelpartien in die See hinaus veranstaltet wurden«. Die Ruhe und Abgeschlossenheit des Bades sei dahin, findet der empfindsame Junge, der lieber ungestört und unbeobachtet in den Tag hineinlebt, der vor allem das liebt: »dieses mühe- und schmerzlose Schweifen und Sichverlieren der Augen über die grüne und blaue Unendlichkeit hin, von welcher, frei und ohne Hindernis, mit sanftem Sausen ein starker, frisch, wild und herrlich duftender Hauch daherkam, der die Ohren umhüllte und einen angenehmen Schwindel hervorrief, eine gedämpfte Betäubung, in der das Bewußtsein von Zeit und Raum und allem Begrenzten still selig unterging...«

»Aber« – und das ist ein großes episches Aber, wie es die Meister der Romankunst nur behutsam verwenden und äußerst gezielt plazieren: »Aber die Zeit verging unaufhaltsam im Wechsel von Regen und Sonnenschein, See- und Landwind, stiller, brütender Wärme und lärmenden Gewittern, die nicht über das Wasser konnten und kein Ende nehmen zu wollen schienen.« Jede schöne Zeit geht vorbei, auch Hannos Ferienaufenthalt in Travemünde; und wir wissen ja schon: »Nächst's Jahr wieder, Hannochen«, die Kutsche, die Tränen, die spielenden Kinder – »Die blieben hier«!

Hanno in Travemünde: das ist es, woran man zuallererst denkt, wenn man die »Buddenbrooks« mit dem Seebad in Verbindung bringt. Doch es ist nur eines der beiden großen Travemünde-Kapitel dieses Romans. Da gibt es ja auch, schon fünfhundert Seiten und viele Jahre vorher, die Liebesgeschichte zwischen Tony Buddenbrook und Morten Schwarzkopf, dem Sohn des Lotsenkommandeurs; diese Geschichte spielt lange vor Hannos Geburt, in der ersten Hälfte des neunzehnten Jahrhunderts. Sie beginnt mit den

Worten: »Nach Travemünde geht es immer geradeaus, mit der Fähre übers Wasser und dann wieder geradeaus.« Und man erfährt auch, wie lange die Fahrt von Lübeck bis Travemünde mit der Droschke zu dieser Zeit dauert: zwischen zwei und drei Stunden. Tony übrigens wohnt nicht im Kurhaus, sondern bescheiden in einer Pension in der Vorderreihe, eben im Haus des Kommandeurs.

Thomas Mann hat sich das Vergnügen gemacht, eigene Erlebnisse auf zwei verschiedene Figuren, auf verschiedene Jahrzehnte aufzuteilen – das heißt eigentlich gar nicht aufzuteilen, denn augenzwinkernd läßt er Tony und Hanno bisweilen gleiche Erfahrungen machen, die er jeweils mit denselben Worten schildert. Will uns dieser Abschied von Travemünde nicht bekannt vorkommen? »Tony drückte den Kopf in die Wagenecke und sah zum Fenster hinaus. Der Himmel war weißlich bedeckt, die Trave warf kleine Wellen, die schnell vor dem Winde dahineilten. Dann und wann prickelten kleine Tropfen gegen die Scheiben. Am Ausgang der Vorderreihe saßen die Leute vor ihren Haustüren und flickten Netze; barfüßige Kinder kamen herbeigelaufen und betrachteten neugierig den Wagen: Die blieben hier ...« Alles schon da, und auch die Tränen fehlen nicht – wie erwartet. Das heißt, im Grunde ist es natürlich umgekehrt: Diese frühe Szene mit Tony hat, wer genau liest, noch im Kopf, wenn er viele Kapitel später Hannos Leid mitdurchlebt. »Die blieben hier ...« ist ein episches Selbstzitat im Roman: Drei Wörter für den Verlust, für das Gefühl, das Paradies verlassen zu müssen, in dem die anderen verweilen dürfen.

Travemünde, ein Seebad

Für die Handelsstadt Lübeck war jene Stelle, wo die Trave in die Ostsee mündet, von jeher ein entscheidender Standort. Jahrhundertelang stand für die Kaufleute der Zugang zum Meer im Vordergrund. Zwar gab es seit 1188 ein kaiserliches Privileg für die freie Schiffahrt auf der Trave, doch ein Befestigungsturm, der kurz zuvor von einem holsteinischen Grafen an der Flußmündung errichtet worden war und der den eigentlichen Ursprung von Travemünde darstellen dürfte, kam erst 1320 in den Besitz der Lübecker (und wurde eilig demontiert). Den kleinen Ort, der sich inzwischen hier entwickelt hatte, konnte Lübeck neun Jahre später erwerben. Da gab es immerhin schon einen kleinen Hafen (seit 1204) und die erste Kirche (seit 1316). Der alte Leuchtturm, der noch heute steht, wurde 1539 von holländischen Maurern hochgezogen. Erst gegen Ende des achtzehnten Jahrhunderts kamen Stimmen auf, die den Gedanken eines Seebads zur Debatte stellten.

Der Badebetrieb wurde – von Ärzten empfohlen – offiziell im Jahre 1802 aufgenommen. Nach Heiligendamm (dort war man 1794 vorausgegangen) ist Travemünde damit das zweitälteste Kurbad an der Ostsee. Auch ein Kurhaus baute man, das zunächst einzig und allein den Speisesaal für 300 Gäste beherbergte, die »Table d'hôte«. Zum Übernachten wurde 1804 ein Logierhaus mit Strohdach errichtet, und im Winter 1818/19 setzte man dem Kurhaus ein zweites Stockwerk mit sechzehn eleganten Zimmern obenauf; 1824 kam der Musiktempel in seiner ersten Form hinzu. Die »Schweizerhäuser«, von denen im Roman die Rede ist und die ihren Namen dem für nördliche Gefilde ungewohnten Erscheinungsbild verdanken, wurden erst 1861 an die Stelle des alten Logierhauses gesetzt. Mit anderen Worten: eine Tony Buddenbrook hätte sie noch gar nicht sehen können, wäre sie, wie die Romanfiktion behauptet, 1845 mit dem jungen Schwarzkopf hier entlanggelaufen: »Sie gingen die Vorderreihe entlang und spazierten durch den Kurgarten, der stumm und schattenlos mit seinen Kieswegen und Rosenanlagen dalag. Der Musiktempel, zwischen Nadelbäumen versteckt, stand schweigend dem Kurhaus, der Konditorei und den beiden, durch ein langes Zwischengebäude miteinander verbundenen Schweizerhäusern gegenüber.« Wohl aber existierte seinerzeit schon das Arkadenhaus mit der Konditorei: Es befand sich seit 1836 zwischen dem Kurhaus und dem Gästehaus.

Heute ist weder vom Arkadenhaus noch von den beiden Schweizerhäusern etwas geblieben: Sie mußten 1962 einem damals als modern geltenden Neubau weichen, der Hotelzimmer und den Kursaal enthält. Das Kurhaus entstand in seiner jetzigen Form, die sich an die ursprüngliche anlehnt, in den Jahren 1912/13 anstelle des alten kleineren Baus. Als ein anderer Dichter, Franz Kafka, im Sommer 1914 Travemünde besuchte, hatte er mithin schon das heutige Hotel vor Augen, das freilich noch flankiert war von Arkadenhaus und Schweizerhäusern. Kafka notierte damals in seinem Tagebuch: »Fahrt nach Travemünde. Bad – Familienbad. Anblick des Strandes. Nachmittag im Sand. Durch die nackten Füße als unanständig aufgefallen ... In der Allee vor dem Kurhaus gesessen und der Tafelmusik zugehört.«

Daß der Besucher mit seinen nackten Füßen aufzufallen glaubte, ist weniger verwunderlich, als man heute denken könnte. Erst in den zwanziger Jahren wurde das freie Baden erlaubt. Im neunzehnten Jahrhundert ging man in die Badeanstalt oder ließ sich schicklich mit Badekarren ins Meer schieben. Auch die Vorläufer der Strandkörbe tauchten erst gegen Ende jenes Jahrhunderts auf, so daß gewiß der junge Thomas Mann, allenfalls auch sein Romanheld Hanno, keineswegs aber – wie im Roman behauptet – Tony Buddenbrook sie am Strand gesehen haben konnte: »Tony stieg behutsam durch das hohe, scharfe Schilfgras, das am Rande des nackten Strandes stand. Die Reihe der hölzernen Strandpavillons mit ihren kegelförmigen Dächern lag vor ihnen und ließ den Durchblick auf die Strandkörbe frei, die näher am Wasser standen, und um die Familien im warmen Sande lagerten: Damen mit blauen Schutzpincenez und Leihbibliotheksbänden, Herren in hellen Anzügen, die müßig mit ihren Spazierstöcken Figuren in den Sand zeichneten, gebräunte Kinder mit großen Strohhüten auf den Köpfen, die schaufelten, sich wälzten, nach Wasser gruben, mit Holzformen Kuchen buken, Tunnels bohrten, mit bloßen Beinen in die niedrigen Wellen hineinwateten und Schiffe schwimmen ließen.«

Ein mondänes Bad wurde Travemünde indes schon recht bald. Zwei Einrichtungen erleichterten den Aufstieg zum Treffpunkt der Reichen aus ganz Europa: der Schiffsverkehr und die Spielbank. So gab es seit 1824 eine Verbindung mit Kopenhagen, zwei Jahre später wurde eine Dampferlinie nach St. Petersburg eingerichtet. Da spielte man längst – ohne Konzession – Roulette und andere Glücksspiele, später, von 1833 an, dann sogar mit staatlicher Erlaubnis (bis 1872 nach der Reichsgründung das Verbot kam; erst 1949 wurde die Spielbank wieder eröffnet). Nicht um zu baden und zu kuren, sondern um zu spielen, kamen einige große russische Dichter nach Travemünde: Dostojewski, Gogol und Turgenjew.

Wenig erinnert am Ende des zwanzigsten Jahrhunderts an die großen Zeiten. Das Casino von Travemünde ist längst nur noch eines unter vielen in Norddeutschland. Das Gebäude mit Cafégarten direkt an der Kurpromenade, 1913 zunächst als »Conservationshaus« gebaut und mittlerweile unter Denkmalschutz gestellt, schaut zwar weiterhin mit imposanter Fassade auf die Ostsee, doch mit dem Ambiente ist es nicht mehr weit her: Die vom Spielcasino subventionierte Gastronomie stellte Ende 1996 den Betrieb ein.

Zuwächse verzeichnet allerdings der Schiffsverkehr: Travemünde hat sich zum größten Fährhafen Europas entwickelt. Nachdem Anfang der sechziger Jahre draußen vor der Stadt in der Siechenbucht der Skandinavienkai errichtet wurde, haben stetig mehr und größere Schiffe die Travemündung angelaufen: Mittlerweile gibt es acht Fähranleger mit sechzehn regelmäßigen Verbindungen, vornehmlich nach Dänemark, Schweden und Finnland, aber auch nach Rußland, Lettland und Litauen. Eindrucksvoll ist es immer wieder, wenn die großen Jumbofähren die schmale Ausfahrt zur See passieren müssen, wobei sie sich fast auf Tuchfühlung dem alten Ortskern nähern – von Hannos geliebter Vorderreihe aus wirken die Schiffe dann mitunter wie mehrstöckige Giganten.

Und auf einen der Dichter, die einst hier zu Besuch waren, nämlich auf ihn, Thomas Mann, findet sich immerhin der eine oder andere Hinweis. Im Kurhaus-Hotel gibt es heute nicht nur ein »Buddenbrook-Restaurant«, sondern neuerdings, seit Anfang 1997, auch gleich nebenan ein »Thomas-Mann-Stübchen«. Und wer es besonders genau nehmen will, kann sich – auf Vorbestellung – einen »Buddenbrook«-Abend arrangieren lassen: mit einer historischen, dem Roman abgeschauten Speisenfolge, darunter »Schinken auf alt-lüb'sche Art mit Senfzucker glaciert« und natürlich »Plattenpudding« zum Abschluß.

Die Liebes- und die Lebensgeschichte

Der Roman »Buddenbrooks« entstand unter südlichem Licht – »fern von seinem Schauplatz« (wie Thomas Mann viele Jahre später in einem Brief schrieb): in Rom und in München nämlich. Schon als junger Mann hatte der spätere Schriftsteller Lübeck den Rücken gekehrt. Gleich nach dem Abschluß der Schule war er 1894 gen München gezogen, in jene Stadt, in der seine Mutter nach dem Tod des Ehemanns wohnte. Ende 1896 zog es ihn nach Rom, wo ebenfalls ein Familienmitglied lebte: der Bruder Heinrich, mit dem er knapp ein Jahr später, im Oktober 1897, gemeinsam eine Wohnung bezog. Noch im selben Monat begann der damals zweiundzwanzigjährige Autor, der bis dahin lediglich kürzere Erzählungen veröffentlicht hatte, mit der Niederschrift jener Geschichte, die später den Untertitel »Verfall einer Familie« tragen sollte und ihm unter den Händen zu einem Generationenroman geriet.

Der Verfasser der »Buddenbrooks« war während der Vorarbeiten und der Niederschrift ständig um Informationen bemüht. Noch von Rom aus bat er brieflich Freunde und Verwandte, ihm Fragen zu Handel und Verkehr, Gesellschaft und Politik zu beantworten. Solche Fragen notierte er sich auch in seinen Arbeitsheften (vierzehn von ihnen – auch aus späteren Arbeitsepochen – fanden sich im Nachlaß, sie wurden unter dem Titel »Notizbücher« in zwei Bänden ediert: nicht zu verwechseln mit den »Tagebüchern«, deren erster erhalten gebliebener Band die Jahre 1918–1921 umfaßt). So heißt es etwa im »Notizbuch 2« unter dem Stichwort »Fragen«: »Militärverhältnisse. Bürgerwehr. Uniform. Dienstalter etc. Travemünde 1845«. Der Romancier wollte im ersten Travemünde-Kapitel immerhin eine Zeit schildern, die rund vierzig Jahre vor dem Moment lag, da er selbst als Knabe das Städtchen erstmals in Augenschein nehmen konnte. Wann dort erstmals »Dampfer« fuhren, wollte er wissen, oder seit wann es eine Eisenbahnverbindung zwischen Lübeck und Travemünde gab. Einer der Antwortbriefe aus Lübeck, geschrieben von Konsul Wilhelm Marty, einem Vetter von Thomas Manns Vater, ist erhalten geblieben, darin findet sich die Angabe über die Eröffnung der Eisenbahnlinie: im Jahre 1882.

So konnte Thomas Mann den kleinen Johann Buddenbrook also noch nicht mit dem Zug nach Travemünde reisen lassen, denn er verlegte Hannos Aufenthalte im Seebad um einige Jahre nach vorn: Während er selbst, geboren am 6. Juni 1875 in Lübeck, seine Sommerferien in den achtziger Jahren an der See verbrachte, spielt sein junger Romanheld schon Anfang der siebziger Jahre dort im Sand.

Als Thomas Mann das in violetter Tinte geschriebene Manuskript nach knapp drei Jahren, am 8. Juli 1900, abschloß, hatte es einen Umfang angenommen, den sich selbst der Autor nicht hatte träumen lassen und der den Berliner Verleger Samuel Fischer im Oktober desselben Jahres zu dem Wunsch veranlaßte, der Autor möge sein Werk »um etwa die Hälfte« kürzen – was dieser empört und ohne sich lange zu bedenken ablehnte. Der Verleger gab nach, und als der Roman – zunächst zweibändig – ein Jahr später, im Oktober 1901, auf den Markt kam, hatten damit beide, Autor und Verleger, den Grundstein zu einem Millionenerfolg gelegt. Viele Jahre später, 1929, erhielt Thomas Mann für dieses Buch, ausdrücklich für dieses eine, den Literaturnobelpreis zugesprochen. Schätzungen gehen davon aus, daß der Roman, am Anfang des zwanzigsten Jahrhunderts erschienen, nun an dessen Ende weltweit eine Auflage von rund zehn Millionen Exemplaren erreicht haben dürfte.

Das ist schon deshalb eine Pointe zu nennen, weil der Kaufmannssohn Thomas Mann ja sein Künstlertum zunächst für eine gegen jegliches Bürgertum, gegen Krämergeist und Händlerseele gerichtete Angelegenheit hielt und mit dem wirtschaftlichen Scheitern rechnen mußte. Hätte er, der brotlose Schriftsteller, seinem Vater in die Augen schauen können? Daran zweifelte er noch lange – zumal sich der Erfolg seines Romans nicht auf Anhieb einstellte.

In den »Buddenbrooks« ist es der Vater von Hanno, Thomas Buddenbrook, der im »Seetempel« von Travemünde den Gedanken zweier unversöhnlicher menschlicher Temperamente entwickelt: des gesunden und unternehmungslustigen Typus einerseits, des wirren, träumerischen andererseits. Es ist dies die dritte und letzte Szene im Roman, die – kurz vor Schluß – in Travemünde spielt, im Herbst 1874. Thomas Buddenbrook ist zusammen mit seinem Bruder Christian für einige Tage an die See gekommen, um sich auf ärztliches Geheiß hier zu erholen. Mit wenigen Akzenten evoziert Thomas Mann eine herbstlich-melancholische Abschiedsstimmung: Die Sonne kommt kaum noch hervor, die »Table d'hôte« ist fast leer, und so »setzten sich die Herren in ihren Paletots unter das Zeltdach der Konditorei, gegenüber dem Musiktempel, in dem nicht mehr musiziert wurde, tranken ihren Kaffee und verdauten ihre fünf Gänge, indem sie in den herbstlichen Kurgarten hinausblickten und plauderten«. (Nun sind es übrigens fünf Gänge, für Hanno waren es noch vier.)

Wenn Tony, die Schwester, mittlerweile auch nicht mehr die Jüngste, zu Besuch kommt, wandern die beiden reifen Herren gemeinsam mit ihr »zum Möwenstein oder zum Seetempel«, wobei sich Tony stillschweigend der eigenen verliebten Spaziergänge erinnert. Dort, in dem kleinen auf dem Steilufer errichteten Bau, dessen »roh gezimmerte Wände mit Inschriften, Initialen, Herzen, Versen bedeckt« sind, blickt Thomas Buddenbrook schließlich auf die See hinaus und hält einen Monolog, der die Schwester verstummen läßt. Er spricht zunächst über die Wellen: »Wie sie daherkommen und zerschellen, daherkommen und zerschellen, eine nach der anderen, endlos, zwecklos, öde und irr. Und doch wirkt es beruhigend und tröstlich, wie das Einfache und Notwendige. Mehr und mehr habe ich die See lieben gelernt... vielleicht zog ich ehemals das Gebirge nur vor, weil es in weiterer Ferne lag.« Er fährt fort: »Aber ich kenne den Blick, mit dem man dem einen, und jenen, mit dem man dem andern huldigt. Sichere, trotzige, glückliche Augen, die voll sind von Unternehmungslust, Festigkeit und Lebensmut, schweifen von Gipfel zu Gipfel; aber auf der Weite des Meeres, das mit diesem mystischen und lähmenden Fatalismus seine Wogen heranwälzt, träumt ein verschleierter, hoffnungsloser und wissender Blick, der irgendwo einstmals tief in traurige Wirrnisse sah... Gesundheit und Krankheit, das ist der Unterschied. Man klettert keck in die wundervolle Vielfachheit der zackigen, ragenden, zerklüfteten Erscheinungen hinein, um seine Lebenskraft zu erproben, von der noch nichts verausgabt wurde. Aber man ruht an der weiten Einfachheit der äußeren Dinge, müde wie man ist von der Wirrnis der inneren.« Es ist – so will es der Geist der Erzählung – ausgerechnet der tatkräftige Senator, der schon bald danach, noch vor seinem Sohn Hanno, sterben und so den im Untertitel des Romans angekündigten »Verfall einer Familie« einleiten wird.

Es gibt noch andere Werke Thomas Manns, in denen Erinnerungen an Travemünde aufblitzen. Die Erzählung »Wie Jappe und Do Escobar sich prügelten« spielt dort, in den Sommerferien, wie es sich gehört, und der Erzähler wohnt in einem der »Schweizerhäuser«. Tonio Kröger, der Held der gleichnamigen Novelle, erblickt es, ohne daß der Ort genannt wird, vom Schiff aus: »Und nun, da das Meer sich öffnete, sah er von fern den Strand, an dem er als Knabe die sommerlichen Träume des Meeres hatte belauschen dürfen, sah die Glut des Leuchtturms und die Lichter des Kurhauses, darin er mit seinen Eltern gewohnt... Die Ostsee!« Und schließlich Felix Krull, der Hochstapler: Auch in seinen Memoiren, dem Roman also, dessen Titelfigur er ist, finden sich versteckt Reminiszenzen an das Seebad – nämlich an den Musiktempel; Krull berichtet von einem Knabenspiel, einem Imitationsspiel, bei dem er dem begeisterten Publikum in Verabredung mit der Kapelle den Virtuosen mimte.

Autobiographisch? Gewiß nicht in allen Einzelheiten – so ist es schließlich auch nicht gemeint, wenn man nach den Spuren der Übereinstimmung von Werk und Leben fragt –, nicht in allen Einzelheiten, aber eben doch mit verblüffenden Übereinstimmungen bis ins Detail. An versteckten Stellen, im Tagebuch, im Brief, offenbarte Thomas Mann wie nebenbei die eine oder andere Episode aus seiner Kindheit, auch manche Episode, die längst ins Erzählwerk Eingang gefunden hatte. So etwa in jenem Brief, den er im September 1949 von der Pazifikküste aus einem Musikkenner schrieb und in dem er sich an die Zeit erinnerte, als er vor dem Travemünder Musiktempel »auf zwei Stöcken die Violine spielte«.

Und nach Travemünde kam Thomas Mann, der von 1898 an fast ständig in München wohnte, bis 1933 gar nicht mehr? Gelegentlich, doch machte er nicht viel Aufhebens davon. Wozu auch? Er war kein Kind mehr, und er hatte dem Städtchen ein literarisches Denkmal gesetzt, so feinsinnig, so monumental, daß die Wirklichkeit dem ohnehin nur schwer standhalten konnte. Im Jahre 1921 zum Beispiel verbrachte er ein paar Tage ganz in der Nähe, in Timmendorf. Der Weg führte über Travemünde und Niendorf dorthin, so erfährt man aus dem Tagebuch, sonst kein Wort darüber, auch nicht in Karten und Briefen. Thomas Mann arbeitete in der Ostseeluft an der Endfassung seines Vortrages »Goethe und Tolstoi«, dann fuhr er mit seiner Frau noch für ein paar Tage nach Sylt, bevor er ihr Lübeck zeigte und einen Vortrag im Johanneum hielt.

Fünf Jahre später war er wieder in seiner Heimatstadt. Am 5. Juni 1926, einen Tag, bevor er sein 51. Lebensjahr vollendete, trug er seine Rede anläßlich der Siebenhundertjahr-Feier vor, jene berühmte Rede mit dem markanten Titel »Lübeck als geistige Lebensform«, in der er auch auf seine Ferientage in Travemünde zu sprechen kam. Schlecht hat es die Hansestadt übrigens nicht mit ihm gemeint: Für diesen Vortrag erhielt er tausend

Mark – nebenbei verlieh ihm der Lübecker Senat noch den Professorentitel. Ob Thomas Mann, wie es geplant war (das geht aus einem Brief hervor), am Tag nach seinem Geburtstag einen Ausflug nach Travemünde gemacht hat, wissen wir nicht. Die Tagebücher aus jenen Jahren sind nicht erhalten; der Autor selbst hat sie, im Exil, verbrannt. Übrigens erschien der genannte Vortrag noch im Jahr 1926 in einem kleinen Lübecker Verlag als Buch. Der Verleger, Quitzow mit Namen, wollte partout einen anderen Titel. »Lübeck als geistige Lebensform« schien ihm zu lokal, er hatte etwas wie »Die Entstehung der Buddenbrooks« oder »Meine Entwicklung« vor Augen. Der Autor gab nicht nach. Fast empört schrieb er einer alten Jugendfreundin nach Lübeck: »Fischer hat auch nicht verlangt, daß ich ›Buddenbrooks‹ ›Dem Abgrunde zu‹ nennen sollte.«

Mit dieser Bekannten, Ida Boy-Ed, einer Autorin und damals schon alten Dame, stand Thomas Mann in regem Briefkontakt. Im September 1926, also nicht lange nach dem großen Erfolg in Lübeck, erhielt Ida Boy-Ed eine Postkarte aus Italien. Geschrieben hatte sie Katia Mann, die Ehefrau: Der Süden befriedige die beiden diesmal nicht restlos, »ich glaube, nächsten Sommer wollen wir wieder reuig zur Ostsee zurück«. Thomas Mann hatte noch die Worte daruntergeschrieben: »So aufgewärmt wie in Travemünde bin ich doch nicht.« Die letzten Briefe Thomas Manns an Ida Boy-Ed gingen von München nach Travemünde; die Freundin lebte dort in einem Sanatorium. »Recht gute Erholung in dem zauberhaften alten Travemünde, woher ich öfters von Bekannten und Unbekannten Ansichtsgrüße bekomme«, wünschte er 1927. Und ein Jahr später, in dem letzten erhaltenen Gruß an sie, sprach er der Kranken Mut zu, er vertraue »auf die geliebte Luft Travemündes«. Und weiter: »Ich dachte sie mir wirkend an Ihrer Lieb – sehen Sie, jetzt wollte ich schreiben: Liebesgeschichte und meine Lebensgeschichte! War das nun eine Freud'sche Fehlleistung?« Die Travemünder Luft, mag sie auch, je nachdem, an der Lebens- oder Liebesgeschichte mitgewirkt haben (an der der alten Dame? an der Thomas Manns?) – zur Gesundung jedenfalls konnte sie nichts mehr beitragen: Ida Boy-Ed starb kurz darauf, im Mai 1928, in Travemünde.

Das ist eine von vielen kleinen Nebengeschichten, die am Rande stehen, wenn man die andere, die größere Geschichte verfolgt. Diese Geschichte, die von Thomas Mann und Travemünde handelt, ist damit an einem Wendepunkt angekommen. Ob es Ende der zwanziger, Anfang der dreißiger Jahre noch einmal zu einer Begegnung kam, ist ungewiß. In den erschlossenen Briefen taucht der Ort vorerst nicht mehr auf – und die von Thomas Mann bewahrten Tagebücher setzen erst 1933 wieder ein. Im Jahr 1933 aber – und wie erst in den Jahren danach! – gab es keine Gelegenheit mehr, das Ostseebad, die Hansestadt, überhaupt Deutschland auch nur zu besuchen. Thomas Mann hatte sich schon lange vor der Machtübernahme durch die Nationalsozialisten auf das heftigste als deren Gegner zu erkennen gegeben. Und Anfang 1936 erteilte er dem Regime von der Schweiz aus die von vielen lang erwartete definitive Absage.

Der Autor lebte im Exil: von 1933 bis 1938 in der Schweiz, in Küsnacht bei Zürich, dann in den Vereinigten Staaten, zunächst in Princeton, an der Ost-, später, von 1941 bis 1952, an der Westküste, am Pazifik. Travemünde war, physisch unerreichbar, für lange Zeit zu einer Chimäre geworden, einer Chiffre, zu einem Bild aus der Jugendzeit, einer Welt, von der man abgeschnitten war und abgeschnitten sein wollte. Denn: »Die blieben hier«, hieß jetzt: Die blieben da, drüben, im Deutschland der Nazis, des Krieges, des Massenmordes. Keine Zeit für wohlige Erinnerungen.

Und doch hat Thomas Mann auch in den Jahren des Exils wohl nicht ohne Wehmut an sein Kindheitsparadies gedacht, das immer wieder einmal durch seine Tagebücher irrlichtert. Noch in der Schweiz, am 31. Januar 1938: »Lunch mit Brentano. Ich erzählte von den bürgerlichen Eindrücken meiner Jugend, Travemünde.« Wenig später, am 7. April 1938, nun in Beverly Hills: »... an Travemünde in der Kindheit gedacht.« Vorher heißt es: »Geruht. Gegrübelt.« Im Jahr darauf, im Sommer 1939, kam Thomas Mann noch einmal für kurze Zeit zurück nach Europa, nach Holland, an die See: als Urlauber. Erinnerungen tauchten auf. In einem Brief an seinen Bruder Heinrich schrieb er: »Hier ist es noch leer und geräumig, mit Ausnahme der Sonntage, wo die Leute kommen, die Idachen Springer in Travemünde ›Eintagsfliegen‹ nannte.« Ida Springer – das war das Vorbild für jene Ida Jungmann, die den kleinen Hanno in der Kutsche zu trösten versucht.

Hier, am holländischen Strand, entstand der großartige Aufsatz über den Roman »Anna Karenina«, und Thomas

Mann macht die Stätte der Entstehung – ungewöhnlich genug – am Beginn seiner Arbeit zum Thema, nimmt den Rahmen zum Anlaß für eine ausführliche Erörterung: »Mein Arbeitsplatz, der herrlichste, den ich kenne, liegt einsam. Aber wäre er auch belebter, das isolierende Getöse der Brandung, die schützenden Seitenwände des Strandkorbes, dieses von jung auf vertrauten und eigentümlich bergenden Sitzgehäuses, würden keine Störung aufkommen lassen. Geliebte, unvergleichlich befriedigende und angemessene Situation, welche mein Leben gesetzmäßig immer wieder herbeiführt! Unter einem Himmel, an dem riesige, sacht sich verschiebende Wolkenkontinente die blauen Tiefen gliedern, rollt das Meer, grün sich verdunkelnd gegen den klaren Horizont, in sieben oder acht weiß schäumenden, beiderseits unabsehbar sich erstreckenden Brandungsstreifen.« Und es wird die seelische Einheit zweier »Elementarerlebnisse« beschworen, nämlich des Meeres und der Epik: »Das Element der Epik mit seiner rollenden Weite, seinem Hauch von Anfänglichkeit und Lebenswürze, seinem breit anrauschenden Rhythmus, seiner beschäftigenden Monotonie – wie gleicht es dem Meere, wie gleicht ihm das Meer! Es ist das homerische Element, das ich meine, das Ewig-Erzählerische als Kunst-Natur, als naive Großartigkeit, Körperlichkeit, Gegenständlichkeit, unsterbliche Gesundheit, unsterblicher Realismus.«

Die Epik und das Meer: für Thomas Mann ein naheliegender Vergleich. Aus dem kindlichen Träumer am Strand war nun längst ein disziplinierter Schriftsteller geworden, der überall, wo er eine flüchtige Heimstätte fand, schreiben (und lesen) konnte, also eine bergende Heimat mit sich trug: eben die der Literatur, die der Schrift. Und so hat ihn wohl das Meer, der Anblick des Wassers, der offenen See, nicht nur immer wieder an die Knabentage mit ihren noch ziellosen Phantasien erinnert, sondern es kam ihm das Meer, dieses heimatliche Element, auch als brüderlicher Begleiter vor: Es war ihm zugleich Sinnbild des vorerst Verlorenen wie einer erd- und zeitenübergreifenden Beständigkeit. Schon fünf Jahre zuvor, auf der ersten, noch vorläufigen Überfahrt nach Amerika, hatte er die Wellen zum Anlaß genommen, um der eigenen Herkunft nachzusinnen. Notizen für den Aufsatz »Meerfahrt mit ›Don Quijote‹« entstanden im Mai 1934 an Bord eines Passagierschiffes, eines »behäbigen Holländers«. Er sei an der Ostsee »erwachsen«, schreibt Thomas Mann da, »einem provinziellen Gewässer, und meine Blutsüberlieferung ist alt- und mittelstädtisch, eine mäßige Zivilisation, deren nervöse Einbildungskraft den Ehrfurchtsgedanken kennt vor dem Elementarischen – und auch seine ironische Ablehnung«. Das dürfte wohl eine der trefflichsten Selbstcharakterisierungen des Schriftstellers sein – und zugleich eine deutliche Zurückweisung der Blut-und-Boden-Ideologie, wie sie in Deutschland ohne jeden Anflug von Ironie den Ton angab.

Und noch eine kurze Abschweifung sei erlaubt, wenn es denn eine ist: Es wäre für einen Biographen Thomas Manns gewiß nicht uninteressant, einmal die Aufenthalte des Schriftstellers am Meer (und auf dem Meer) im Zusammenhang darzustellen. An mancher Küste hat er während seines langen Lebens Urlaub und Rast gemacht. Auch den größten Teil des Exils verbrachte er nicht weitab vom Meer, von den Wellen des Pazifik. Viele Jahre lang.

Die langsame Heimkehr

Die Heimkehr Thomas Manns nach Europa war von Zögern und Schwanken begleitet: eine Heimkehr in vielen Etappen. Eine zunächst, gleich nach Ende des Krieges, noch unüberwindlich erscheinende Berührungsangst mit Deutschland spielte dabei eine wichtige Rolle. Einladungen, in die besiegte Heimat zu kommen und zurückzukehren, gab es schon 1945, manche trugen den Charakter eines Hilfeersuchens, andere den einer Aufforderung, ja fast eines Marschbefehls – nach dem Motto: Man sei in Not, und der Dichter lasse es sich in Kalifornien gutgehen.

Einem Kollegen, der ihn öffentlich besonders nachdrücklich zur Rückkehr aufgefordert hatte, dem Schriftsteller Walter von Molo (»Kommen Sie bald zu Rat und Tat«), antwortete Thomas Mann im September 1945 ausführlich und stellvertretend für viele andere. Er sei amerikanischer Bürger, und lange vor Deutschlands schrecklicher Niederlage habe er öffentlich und privat erklärt, »daß ich nicht die Absicht hätte, Amerika je wieder den Rücken zu kehren«. Er fragte: »Sind diese zwölf Jahre und ihre Ergebnisse denn von der Tafel zu wischen und kann man tun, als sei nichts gewesen?« Er erinnerte sich: »Schwer genug, atembeklemmend genug war, Anno dreiunddreißig, der Choc des Verlustes der gewohnten Lebensbasis, von Haus und Land, Büchern, Andenken und Vermögen, begleitet von kläglichen Aktionen daheim, Ausbootungen, Absagen.« Dennoch werde er nie aufhören, sich als deutscher Schriftsteller zu fühlen. Und: »Fern sei mir Selbstgerechtigkeit! Wir draußen hatten gut tugendhaft sein und Hitlern die Meinung sagen. Ich hebe keinen Stein auf, gegen niemanden. Ich bin nur scheu und ›fremdle‹, wie man von kleinen Kindern sagt. Ja, Deutschland ist mir in all diesen Jahren doch recht fremd geworden.«

Das Thema Deutschland begleitete ihn dann auch auf seiner ersten Europareise nach dem Krieg, die – 1947 – für Thomas Mann ein mit Bangen gewagter erster Schritt war: eine Wiederannäherung nach acht Jahren. Von New York aus fuhr er mit dem Schiff und notierte am 10. Mai 1947 in knappen Worten – wie es im Tagebuch seine Art war – aus Anlaß der Abreise: »Etwa seit 2 Uhr in Bewegung: Hudson, dann das Offene. Nachdenklicher Anblick nach diesen 8 Jahren u. ihrem gewaltigen Inhalt.« London, Zürich, Bern und Basel waren die wichtigsten Stationen der Reise. Und zum Abschluß ein zweiwöchiger Aufenthalt im Nordseebad Noordwijk aan Zee. »Wie vor acht Jahren, 1939, als wir sieben Wochen dort verbrachten, habe ich wieder am Strande gearbeitet«, schrieb er – schon wieder auf der Rückreise nach Amerika, an Bord eines holländischen Schiffes – der langjährigen Freundin und Journalistin Agnes Meyer. Ein »nebenher gehendes Stück Arbeit« während der Reise sei die Abwehr der »insistenten Einladungen« gewesen, »offiziellen nun auch, die aus Deutschland kamen«. Er fühle sich persönlich einfach noch nicht reif für ein Wiedersehen, »seelisch nicht bereit dazu«.

Freilich hatte ihn der Europabesuch nicht unberührt gelassen und eine – zunächst noch uneingestandene – Sehnsucht entfacht. Parallel zur Niederschrift des Briefes nach Amerika zog er – ebenfalls auf dem Schiff – in seinem Tagebuch ein kleines Fazit: »War auf dem Bootsdeck. Leichtes Tauchen des Schiffes. Nach der Passierung Irlands gestern Abend nun weit offener Ozean. Steht man vorn, so schaudert einem fast vor den gewaltigen Strecken von Wasserwüste, die noch zu durchmessen. Hatte das Gefühl, ›noch einmal‹ zurückzukehren, so als wäre Europa doch wieder mein und meiner Arbeit Heim geworden.«

Auch vor der folgenden Europareise im Jahre 1949 konnte sich Thomas Mann lange Zeit nicht klar darüber werden, ob er überhaupt nach Deutschland kommen sollte. »Soll ich? Soll ich nicht?« fragte er sich noch im Frühjahr in einem Brief: »Ich habe Kopfzerbrechen wegen Deutschland.« Einige Tage später schien die Sache für ihn entschieden: »Die Verhältnisse in Deutschland sind, kurz gesagt, so kompliziert, die Schwierigkeiten mich darin zu bewegen wären so groß, die Belastung, die ein öffentliches Erscheinen dort für meine nicht sehr tragfähigen Nerven mit sich bringen würde, so schreckend, daß ich den Gedanken daran endgültig begraben hatte.« Doch andererseits: Da er in England und Schweden über Goethe lesen und im Juni in der Schweiz sein werde, müsse er zugeben, »daß es etwas unerwünscht Ostentatives hätte, wenn ich auch in diesem Jahr keinen Fuß nach Deutschland setzte«. Eine Rundreise durch das Land (»bis Lübeck etc.«) würde allerdings über seine Kräfte gehen.

Und noch während er längst seine Reise begonnen hatte, war die Route durch Deutschland nicht endgültig geklärt. Nur Frankfurt? Oder auch Weimar? Hinzu kam: Seine Sehnsucht nach dem Norden Deutschlands spielte immer wieder mit hinein. Das läßt sich zumindest folgender Tagebuchnotiz von 15. Juni entnehmen (Thomas Mann war bereits in Europa, in Zürich): »Beschwörender Brief aus Lübeck (Dr. Horstmann), auch dorthin zu kommen. Aufzählung der festlichen Veranstaltungen. ›Ausflug nach Schwartau und Travemünde‹.« Er fuhr dann nach Frankfurt und Weimar, das war für den Anfang genug. Im raffenden Rückblick auf die Deutschlandreise notiert das Tagebuch (4. 8. 1949): »Bin gesund geblieben. Habe schlecht und recht standgehalten.«

Noch zweimal (im Sommer 1950 und 1951) kam Thomas Mann nach Europa und fuhr wieder zurück nach Amerika, ohne erneut einen Fuß auf deutschen Boden gesetzt zu haben. Erst der fünfte Besuch im Jahre 1952 wurde, ohne daß es ursprünglich geplant war, zur endgültigen Rückkehr auf den alten Kontinent. »Wir waren ja fast jedes Jahr hier«, schrieb er Anfang November entschuldigend an Agnes Meyer nach Amerika: »Das Hin- und Her-Reisen ist mühselig und kostspielig.« Da war er noch besorgt, das Anmieten eines Hauses auf der Höhe von Erlenbach-Zürich könnte »drüben« den Eindruck erwecken, er wolle Amerika den Rücken kehren. Im Dezember 1952 wurde das Haus (in der Glärnischstraße) bezogen. Das Ehepaar Mann lebte dort bis April 1954; danach lautete die letzte Adresse: Kilchberg bei Zürich (Alte Landstraße 39). Es wäre Thomas Mann nicht im Traum eingefallen, es anderen Emigranten gleichzutun und in die DDR zu gehen; er ließ sich überhaupt nicht in Deutschland nieder, sondern eben in der Schweiz, wo er die ersten Jahre des Exils verbracht hatte. »Ich lebe im Westen –, durchaus nicht versehentlich –, keineswegs zufälligerweise«, ließ er verlauten.

Nach Amerika kam er nie wieder. Statt dessen, im Sommer 1953, endlich, in den Norden Deutschlands. Hamburg hatte ihn eingeladen, nicht die Heimatstadt Lübeck, nicht Travemünde. Am 8. Juni leitete er an der Elbe eine Lesung vor Studenten (aus seinem Roman »Bekenntnisse des Hochstaplers Felix Krull«) mit den Worten ein: »Im Alter atme ich noch einmal die Luft der Heimat, hanseatische Luft, – nicht gerade die Lübecks – es muß ja nicht unbedingt Lübeck sein.« Hamburg tue es auch, »zumal es früher und ermutigender auf dem Plan war mit dem Wunsch nach einem Wiedersehen als die Vaterstadt« – der er immerhin einen herzlichen Gruß sandte. Noch einmal höre er die Laute seiner Kindheit, »urvertraut und seit vielen von wechselreichem Leben erfüllten Jahrzehnten mir aus den Ohren gekommen«. Thomas Mann sprach von einer »merkwürdig späten Stunde«, in der er sich nun jungen Leuten zuwende, »Kindern desselben Bodens, der auch mich hervorgebracht«, und etwa in dem Alter, da er sich aus der Heimat fortgemacht habe, um »mit sonderbarer Sorglosigkeit« das Wagnis eines Künstlerdaseins einzugehen, mit dem es dank einer freundlichen Fügung von oben »noch gnädig« abgelaufen sei.

Noch einmal: die Luft des Kindheitsparadieses

Von Hamburg aus unternahm Thomas Mann dann am 10. Juni 1953 zusammen mit seiner Frau, dem Verlegerehepaar Gottfried und Brigitte (Tutti) Bermann Fischer und dem Geschäftsführer des S. Fischer-Verlags, Rudolf Hirsch, jenen kurzen Abstecher nach Travemünde, der ihn nach so vielen Jahren erstmals wieder an den Lieblingsort seiner Kindheit führte. Diesen Besuch habe er sich heimlich vorgenommen, erzählte er einem der Reporter, »lange bevor ich meiner Frau gegenüber noch irgend etwas davon erwähnte«. Immerhin: Die Zeitungen waren benachrichtigt worden, und munter plauderte der alte Thomas Mann mit den Journalisten. Das Haus in Kalifornien solle nun verkauft werden, die neue Wohnung in der Nähe von Zürich sei endgültig. Er war noch ganz erfüllt von seinen Hamburger Erlebnissen: »Besonders glücklich war ich, gleich anfangs vor Studenten in Hamburg sprechen zu können. Und gestern abend, sehen Sie, da war ich geradezu erschüttert über die Herzlichkeit, mit der mich fast zweitausend Menschen begrüßt und mir mit so rührender Aufmerksamkeit zugehört haben. Es war für mich ein wahres Fest!« So jedenfalls gab es anderntags die Zeitung wieder. Auch seine Aussage über Travemünde: »Es ist weit luxuriöser, mondäner geworden – ein Weltbad sozusagen. Damals, als wir Kinder regelmäßig vier Wochen im Jahr hierherfuhren, sah das noch ganz anders aus. Eine Asphaltpromenade kannten wir nicht. Damals lagen hölzerne Laufplanken an dieser Stelle. Es gab auch kaum Bauten dieses Formats. Travemünde zu meiner Zeit – das war ein Idyll.«

Nun geht er über die Kurpromenade, am Casino vorbei, er blickt durch ein Fernrohr auf den gegenüberliegenden Strand in der »russischen Zone«. Das alles wird festgehalten vom Redaktionsfotografen der »Lübecker Nachrichten«, Hans Kripgans, der sich noch Jahrzehnte später daran erinnern wird, wie er Thomas Mann dazu überredet, auch noch einen Besuch in Lübeck zu wagen: »Ich hatte die Frechheit, ihn in meinem kleinen Volkswagen nach Lübeck zu fahren. Er wollte erst nicht. Da sagte Katia zu ihm: ›Nun stell dich nicht so an! Du möchtest das doch sehen!‹ Dann sind wir losgefahren, in die Mengstraße vor die Ruine des sogenannten Buddenbrook-Hauses. Im Auto war er schweigsam. Ich hatte natürlich die Idee: Wenn du ihn vor dem Buddenbrook-Haus hast – das ist das Bild!«

So kommt Thomas Mann doch noch nach Lübeck, und die Aufnahme des Ehepaars vor der Fassade des Hauses mit den leeren Fensterhöhlen wird später tatsächlich eine Art Fotoklassiker. Der Reporter der »Lübecker Freien

Presse« ist auch dabei; er wird am nächsten Tag mit Emphase den Augenblick beschreiben: »Und dann steigt er an der Mengstraße aus, wirft einen langen Blick an der Restfassade des Hauses der Buddenbrooks hoch, das er in seinem Roman so fest gebaut hat, daß keine Bombengewalt ihm je etwas wird anhaben können. Er läßt die Augen wandern, lenkt die Blicke zu St. Marien hin und visiert den Kreuzgang – denselben Gang, durch den von oben der alte Johann Buddenbrook mit Hilfe des ›Spion‹ die beiden Söhne Thomas und Christian von der Schule heimkommen sah… Die Zeit vergeht, das Auto wartet, Thomas Mann steigt ein. Leben Sie wohl! Die linke Hand am Schirmknauf, nickt er lächelnd und winkt langsam mit der Rechten. Lübeck hatte seinen größten Sohn zu Gast.«

Auch die »Lübecker Nachrichten« berichteten ausführlich und in ähnlichem Ton über den Besuch, herzlich und ein wenig pathetisch: »Er war in Lübeck, ein Dichter, der Heimweh hatte. Ganz aus eigenem Entschluß, aus einer Herzensregung und ohne eine offizielle Einladung ist er in seine Vaterstadt gekommen, nur für ein paar Stunden. Der große alte Thomas Mann…« Allerdings glaubte Hans Schrem, der damalige Chefredakteur, in seinen wohlwollenden Report ein paar belehrende Sätze einbauen zu müssen, in denen noch manches von der selbstgefälligen Ignoranz durchscheint, mit der die politischen Ansichten Thomas Manns im Deutschland jener Zeit vielfach aufgenommen wurden: »Einer der größten unter den Dichtern! Gewiß nicht unter den Politikern. Wenn er sich politisch äußerte, war es oft schwer, ihm zu folgen. Manchen Feind hat sich der alte Mann geschaffen, darunter viele, die es sehr ernst meinen. Aber es sollte eine Brücke geben. Man soll daran denken, daß er Jahrzehnte hindurch weit entfernt wohnte und daß unter seinen Beratern viele schlechte Stimmen waren.« Selbst in diesen sich versöhnlich gebärdenden Worten klingt ein Echo jener anmaßenden Äußerung des Schriftstellers Frank Thiess nach, die Exilanten hätten »aus den Logen und Parterreplätzen des Auslands der deutschen Tragödie« zugeschaut.

Nur ein schriftliches Dokument scheint es von Thomas Manns Hand direkt aus Travemünde 1953 zu geben: eine Ansichtskarte, gegrüßt wird aus »traumhaft vertrauter Umgebung«. Später, zurück in der Schweiz, kam er noch mehrfach auf das Ereignis zu sprechen, auf den Besuch im »Kindheitsparadies«. »Still bewegt war ich, wie die Bucht, die in meinen Knabengedichten ›Das Meer‹ hieß.« Auch an die Lübecker Zeitungen schrieb er und dankte artig für die freundlichen Berichte: »Ich freue mich so sehr, daß ich meinen längst im Voraus heimlich gefaßten Entschluß, gelegentlich meines Besuches in Hamburg auch Lübeck und Travemünde wiederzusehen, ausgeführt habe. Der Himmel gab seinen Segen dazu; es war ein so schöner Tag inmitten lauter schlechten Wetters. Namentlich der Gedanke, die Luft Travemündes, des Kindheitsparadieses, noch einmal geatmet zu haben, ›sitzt lächelnd um mein Herz‹ – ›sits smiling to my heart‹ – wie es im ›Hamlet‹ heißt.«

Ein Blick in das Tagebuch Thomas Manns bringt eine Überraschung: Dem ersten Wiedersehen mit Travemünde nach so langer Zeit wird bei weitem nicht die Aufmerksamkeit und Ausführlichkeit geschenkt, die man vielleicht erwarten würde. Es handelt sich ohnehin um einen in der Schweiz verfaßten Rückblick auf eine längere Reise (vor dem Besuch in Norddeutschland war Thomas Mann in

England), also nicht um Aufzeichnungen am Ort: »Am Mittwoch den 10. bei geklärtem Wetter Fahrt in zwei Wagen mit Tutti Fischer und Dr. Hirsch auf der Autobahn über Lübeck nach *Travemünde.* Journalisten. Gang auf der Strandpromenade, köstliche Seeluft. Bewegt. Mittagessen im Kurhaus als Gäste der Zeitung. Viele Aufnahmen. Interview und Verlags-Gespräch beim Kaffee mit Hirsch u. Tutti. ›Vorderreihe‹.* Leuchttürme, Schweizerhäuser bewahrt. Musiktempel jetzt beim Spiel-Casino. Gefühl letzten Wiedersehens.«

Das »Gefühl letzten Wiedersehens« täuschte für dieses Mal. Zwei Jahre später, im Frühsommer 1955, kam er noch einmal her. Dieser erneute Besuch in Travemünde stand unter einem anderen Stern, denn nun wurde Thomas Mann auch in der Hansestadt Lübeck gebührend gefeiert. Er folgte einer Einladung der Lübecker Senatoren, die ihm einen mit dem Besuch Lübecks verbundenen Erholungsaufenthalt in Travemünde schon vorher zugesagt hatten. Der sozialdemokratische Bürgermeister der Stadt hatte zudem durchgesetzt, daß Thomas Mann die Ehrenbürgerwürde erhielt. Für den Schriftsteller war es, wie er später in einem Brief schrieb, »der harmonische Abschluß eines lange Zeit von Seiten der Stadt recht schwankenden und problematischen Verhältnisses«.

Die Maiwoche an der See verbrachte er im Gästehaus der Hansestadt, der Johannsenschen Villa in der Kaiserallee. Es gab, im Possehl-Haus, am 19. Mai ein Konzert für ihn, und dann hatte er für ein Gemälde zu sitzen, das der Maler Wolf Ritz endlich anfertigen durfte, nachdem er

* Im 1995 publizierten »Tagebuch 1953–1955« steht fälschlich »Norderreihe«, wahrscheinlich ein Lesefehler.

schon Monate zuvor darum gebeten hatte. Thomas Mann war dem Wunsch des Malers zunächst mit großer Skepsis und Abwehr begegnet, die angeforderten Reproduktionen früherer Arbeiten des Künstlers hatten ihn dann milder gestimmt. Doch erst kurz vor der Abreise war die Verabredung für Travemünde zustande gekommen. In etwa acht Sitzungen im Hotelzimmer entstand ein Ölgemälde, das Thomas Mann auf einem Stuhl zeigt. Leicht dürfte die Arbeit dem Maler nicht geworden sein, denn zwischendurch störten immer wieder Journalisten und Gratulanten. Dem Dichter muß sein Abbild am Ende einigermaßen gefallen haben. Nur die Nase war ihm zu rot, doch der Maler stellte sich taub, und so schenkte Thomas Mann ihm ein Exemplar der »Buddenbrooks«, in das er hineinschrieb: »Wolf Ritz, meinem Portraitisten, der mich nur zu ähnlich schuf, mit Beifall, zum freundlichen Gedenken.«

Zu den Besuchern in Travemünde zählte der Schriftsteller Gustav Hillard, von dem ein Bericht überliefert ist. »Es war ein ermutigendes Vorzeichen«, heißt es darin, »daß Travemünde der Ort der Begegnung sein sollte. Travemünde war Thomas Manns Wesen immer nahe und bedeutend gewesen.« Und weiter: »War er jetzt nicht in sein Eigentum zurückgekommen? Gewiß, es war nicht mehr das spätbiedermeierliche Travemünde, Lübecks distinguiert-familiäres pied-à-terre an der See.« Und doch: »Da standen noch neben dem neuen Kurhause die alten Schweizerhäuser, in denen der kleine Hanno Buddenbrook unter Ida Jungmanns Obhut seine schönsten Ferien verlebte, und drüben erstreckte sich noch immer das Leuchtenfeld mit dem Weidengesträuch, hinter dem Jappe und Do Escobar sich prügelten. Und weiterhin ragten noch die ›Steine‹ auf, auf denen Tony Buddenbrook und Morten Schwarzkopf, die Tochter des Senators und der Sohn des Lotsenkommandanten, miteinander ›saßen‹.« Über die Begegnung mit Thomas Mann im Hotel notierte Hillard: »Als ich aber dann von der plötzlichen Wirklichkeit und Gegenwärtigkeit ein wenig überrumpelt und benommen in dem hübschen hellen Zimmer vor ihm und seiner Gattin stand, traten wir zuerst wie in stummer Verabredung an die breiten, tiefen Balkonfenster. Und mit alterslosen Augen sah Thomas Mann auf sein Meer, auf dem sein Blick geruht, als er ein Kind und glücklich war. Es war an diesem kühltrüben Nachmittag mitten im Mai von einer weichen feuchten Luftkuppe überwölbt.« Man sprach über dies und das, über Thomas Manns Romane, seine Kenntnisse der englischen Sprache, die Situation des Geistes in Amerika – und auch über die deutschen Verhältnisse: »Er formte ein paar Sätze über den grundsätzlichen Unterschied in der Aufnahme seiner Schiller-Rede in Stuttgart und Weimar, dort noch humanistische Voraussetzungen, hier die bereits vollzogene Distanz vom Humanistischen, welche schon im Nichtmehrverstehen der griechischen Mythologie sich zeigte.«

Die erwähnte Rede, der große »Versuch über Schiller«, in monatelanger Mühe und Geduld aus Anlaß des 150. Todestags entstanden, war die letzte bedeutende Arbeit Thomas Manns. Er hatte sie – unter viel Beifall hier wie dort – in West und Ost gehalten, nicht anders als sechs Jahre zuvor den Goethe-Vortrag: am 8. Mai 1955 im Württembergischen Staatstheater zu Stuttgart und am 14. Mai 1955 im Deutschen Nationaltheater zu Weimar. Die Vortragsreisen waren dem Besuch in Lübeck und Travemünde unmittelbar vorausgegangen, und im Tagebuch taucht alles im Rückblick unter der Überschrift

»Die Schiller- und Lübeck-Reise« auf. Da heißt es: »Nach Travemünde. Im ›Kurhof‹ an dem von einer Sturmflut zerstörten Strande. Komfortable Unterkunft.« Von hier aus ging es nach Lübeck: »Öfters zur Stadt, Einkäufe, Besichtigungen. Die Ceremonie im Rathaus. Quartett-Musik, Rede des Bürgermeisters, Überreichung des schön ausgestatteten Dokuments, meine Rede, die wohlgefiel, großes Frühstück mit ¾stündiger Rede von Senator Ewers, Rede von Prof. Berendsohn aus Stockholm, unvermeidlicher Dank von mir, der aus Müdigkeit mißlang. Einziges Versagen. Sonst meinen Mann gestanden.«

Dann ist noch von einer Vorlesung im Stadttheater am nächsten Abend (»großer Erfolg«), einem Souper im Ratskeller (»furchtbar laut«), von einer Stadtbesichtigung mitsamt Besuch seiner alten Schule, des Katharineums (»Worte in der Aula«), und von einer Rundfahrt durch die Außenbezirke die Rede. Über den Aufenthalt an der See nur wenige Worte: »In Travemünde manchmal gegangen, zum ›Seetempel‹ und weiter durch das Wäldchen zur Spitze der Hochküste. Wetter sehr kalt und windig.« Die Begegnung mit den Stätten seiner Kindheit war anstrengend für den bald Achtzigjährigen (»Nervöse Anspannung permanent«), und so klingt das Fazit dieses letzten Wiedersehens ein wenig ernüchternd: »Aufenthalt ging zu Ende, zu meiner unendlichen Erleichterung war auch er schließlich durchgefochten.« Die Fahrt zum Lübecker Bahnhof: »Salutierende Polizisten. Verabschiedungen. Erlöst im Schlafwagen allein! Aufatmen. Nachmittags- und Nachtfahrt über Büchen, Hannover direkt nach Zürich.«

Thomas Mann fuhr zurück in die Schweiz, ein paar Tage eher als beabsichtigt, es muß ein kalter Mai gewesen sein. Und es stand nicht zum besten mit der Gesundheit des

Schriftstellers. Schon zwei Jahre zuvor hatte er, bei seinem ersten Wiedersehen, dem Reporter der »Lübecker Nachrichten« erzählt: »Ich will jetzt am Schreibtisch arbeiten, und ich brauche eine lange Periode des gleichmäßigen Alltags. Das Maß der Reisen ist schon überschritten.« Nun war er zum letzten Mal hier. Vielleicht hat er es geahnt. Denn die Reise nach Lübeck und Travemünde, war sie nicht von der geheimnisvollen Absicht bestimmt, etwas zu beschließen? Er selbst nannte das »die unbezweifelbare Sehnsucht, den Lebenskreis zu runden«.

Die Rede, mit der er am 20. Mai 1955 für die Verleihung der Ehrenbürgerschaft gedankt hatte, enthält auch eine Erinnerung an seinen Vater, den Senator. Thomas Mann wünscht sich, der Vater »hätte wenigstens meinen Weg noch etwas weiter verfolgen und sehen können, daß ich mich eben doch gegen alles Erwarten, auf meine Art als sein Sohn, sein echter erweisen konnte«. Und er erinnert sich daran, wie sein Vater am Travemünder Strand »durch sein goldenes Pincenez ein französisches Buch las, einen Roman von Zola, am Ende war es gar ›Nana‹. Das durfte niemand sehen, daß Senator Mann Zola las, und darum hatte er das Buch in eine dichte, gestickte Schutzhülle gesteckt, die es unkenntlich machte. *Die* Schutzhülle gibt es nicht, sie ist unherstellbar und unvorstellbar, in der er ›Buddenbrooks‹ hätte lesen können.«

Die Geschichte von Thomas Mann und Travemünde: Sie darf nicht zu Ende gehen, ohne daß der Dichter selbst mit einem längeren Zitat zu Worte kommt, entnommen jener Lübecker Rede aus dem Jahre 1926 mit dem Titel »Lübeck als geistige Lebensform«, einem Zitat, in dem so gut wie alles zusammengefaßt ist, was diese Geschichte, diese Liebesgeschichte ausmacht:

»Da ist das Meer, die Ostsee, deren der Knabe zuerst in Travemünde ansichtig wurde, dem Travemünde von vor vierzig Jahren mit dem biedermeierlichen alten Kurhaus, den Schweizerhäusern und dem Musiktempel, in dem der langhaarig-zigeunerhafte kleine Kapellmeister Heß mit seiner Mannschaft konzertierte und auf dessen Stufen, im sommerlichen Duft des Buchsbaumes, ich kauerte – Musik, die erste Orchestermusik, wie immer sie nun beschaffen sein mochte, unersättlich in meine Seele ziehend. An diesem Ort, in Travemünde, dem Ferienparadies, wo ich die unzweifelhaft glücklichsten Tage meines Lebens verbracht habe, Tage und Wochen, deren tiefe Befriedigung und Wunschlosigkeit durch nichts Späteres in meinem Leben, das ich doch heute nicht mehr arm nennen kann, zu übertreffen und in Vergessenheit zu bringen war, – an diesem Ort gingen das Meer und die Musik in meinem Herzen eine ideelle, eine Gefühlsverbindung für immer ein, und es ist etwas geworden aus dieser Gefühls- und Ideenverbindung – nämlich Erzählung, epische Prosa: – Epik, das war mir immer ein Begriff, der eng verbunden war mit dem des Meeres und der Musik, sich gewissermaßen aus ihnen zusammensetzte, und wie C.F. Meyer von seiner Dichtung sagen konnte, allüberall darin sei Firnelicht, das große, stille Leuchten, so möchte ich meinen, daß das Meer, sein Rhythmus, seine musikalische Transzendenz auf irgendeine Weise überall in meinen Büchern gegenwärtig ist, auch dann, wenn nicht, was oft genug der Fall, ausdrücklich davon die Rede ist. Ja, ich will hoffen, daß ich ihm einigen Dank abgestattet habe, dem Meer meiner Kindheit, der Lübecker Bucht. Seine Palette war es am Ende, derer ich mich bediente, und wenn man meine Farben matt fand, glutlos, enthaltsam, nun, so mögen gewisse Durchblicke zwischen silbrigen Buchenstämmen in eine Pastellblässe von Meer und Himmel daran schuld sein, auf denen mein Auge ruhte, als ich ein Kind und glücklich war.«

Nachsatz

Bald nach seinem letzten Besuch in Travemünde feierte Thomas Mann – am 6. Juni 1955 – seinen achtzigsten Geburtstag. Da hatte er noch etwas mehr als zwei Monate zu leben. Die Erkrankung, von der er sich nicht mehr erholen sollte, zeigte sich erstmals in einem anderen Seebad, jenem Noordwijk aan Zee, an dessen Strand er im Juli 1939, auf seiner letzten Europafahrt vor dem Krieg, den Aufsatz über »Anna Karenina« geschrieben und mit den Worten abgeschlossen hatte: »Die Kunst ist das schönste, strengste, heiterste und frömmste Symbol alles übervernünftig menschlichen Strebens nach dem Guten, nach Wahrheit und nach Vollendung; und der Atem des rollenden Meeres der Epik würde uns nicht die Brust so lebensvoll weiten, wenn er nicht die Strenge und erquickende Würze des Geistigen und Göttlichen mit sich führte.«

Das Meer: Thomas Mann sah und hörte es zuletzt am Nordseestrand. Das Wetter war in diesem Juli »ungewöhnlich schön«, wie sich die Tochter Erika Mann in ihrem kleinen Buch »Das letzte Jahr« erinnert. Am 20. Juli – das Ehepaar Mann war schon seit zwei Wochen in Noordwijk – schickte der Arzt den Dichter ins Bett, nachdem der zuvor über Schmerzen im Bein geklagt hatte. Die Diagnose: Thrombose. Noch wenige Tage vorher hatte Thomas Mann munter in einem Brief geschrieben: »Was mich betrifft, so kann ich nur staunen, wie ich es trotz teilweise falscher und unzukömmlicher Lebensführung (Rauchen!) ohne wirklich ernsthafte Anfechtungen immer so weiter treibe, mit 80 nicht viel anders als mit 60.« Er hatte auch wieder am Strand gearbeitet, ein Zeitungsbeitrag war nebenbei entstanden, die Einleitung zu einer Anthologie. Nun traf es ihn schwer. »Vom Bett aus war das Meer nicht zu sehen, und dieses: daß er krank sein und – für die Dauer der Krankheit – das Meer nicht mehr sehen sollte, schien ihm unbillig hart.« So berichtet Erika Mann.

Bald danach wurde der Urlaub vorzeitig abgebrochen und Thomas Mann ins Krankenhaus nach Zürich überführt. Aus dem Hospital heraus führte er den Briefwechsel mit Freunden und Verehrern fleißig weiter. Er spielte seine Krankheit herunter. Von einer »Zirkulationsstörung« berichtete er am 30. Juli Theodor W. Adorno: Während seines Erholungsaufenthaltes an der See habe sich die Natur »etwas ganz Neues, Überraschendes für mich ausgedacht, nämlich dieses. Witzige, still-erfinderische Frau!«

Thomas Mann sollte das Krankenhaus nicht mehr verlassen. Tochter Erika hatte ihn einige Tage vorher besucht und schildert seine Situation so: »Sein Aussehen war zufriedenstellend; Wind und Sonne hatten ihn gebräunt; er war frei von Schmerzen, klagte auch nicht über Übelbefinden, trauerte nur aufs innigste der Zeit nach, – ›den schönen zehn Tagen‹, die er in Noordwijk noch vor sich gehabt und um die er geprellt worden war. ›Ich habe mich dort so wohl gefühlt, – so wohl wie –‹; hier unterbrach er sich, um schließlich anzufügen: ›wie ich mich überhaupt fühlen kann‹. Den halben Zusatz brachte er zögernd vor, ohne rechte Überzeugung und so, als habe er ursprünglich etwas anderes, viel Stimmigeres sagen wollen, sich aber im letzten Augenblick eines Schlechteren besonnen.« Die Tochter fügt hinzu: »Mir ist kaum zweifelhaft, was da ungesagt blieb und warum es dies tat. Nur als Kind, meinte in Wahrheit mein Vater, habe er je das Meer mit solcher Hingabe genossen, wie diesmal wieder; und wie damals der Junge, sehne er sich nun zurück...«

Er sah das Meer nicht wieder. Thomas Mann starb am 12. August 1955.

Der Optiker von Combray

Marcel Proust:
»Auf der Suche nach der verlorenen Zeit«

Hier hörte für ihn die Welt auf. Denn was sollte jenseits des baumbesäumten Horizonts noch kommen? Der kleine Marcel wußte, daß der Zug stets nur kurz an der Bahnstation hielt, genau zwei Minuten. Sein Vater, der Arzt Adrien Proust, ermahnte die Familie jedes Jahr, wenn man aus Paris für die Ferienzeit hierher kam, sich rechtzeitig zum Aussteigen bereit zu machen. Der Kirchturm war das Zeichen. Wenn man ihn zum ersten Mal sah, kam auch bald der Bahnhof. Daß die Eisenbahn weiterfuhr, um schließlich am Horizont zu verschwinden, war für den Sohn ein Mysterium. In den Steinbögen des Viadukts, über das der Zug entglitt, sah er ein »leibhaftiges Symbol der Verbannung und der Not außerhalb der bewohnbaren Welt«.

Hier hörte die Welt auf. Und hier begann sie. Viele Jahre später hat Marcel Proust die Stätte seiner Jugend zu einem Ort der Literatur gemacht. Die Stadt Illiers, unweit von Chartres, wurde zum Combray seines Romanwerkes »Auf der Suche nach der verlorenen Zeit«. An diesem Ort nimmt die vielbändige »Recherche« ihren Anfang, und auf ihn wird immer wieder Bezug genommen. Eine kleine Stadt, unbedeutend in der Welt, ist dank der Literatur zum Mittelpunkt eines Kosmos geworden.

Der Zug, ein Triebwagen, hält hier immer noch bloß für kurze Zeit. Doch kein Proust-Leser wird die Station verpassen, in blauen Lettern steht auf weißen Tafeln: »Illiers-Combray«. So heißt der Ort nun, eine Verbeugung der Realität vor der Schöpfung der Poesie. Der Literaturliebhaber erlebt angesichts der Stations- und Ortsschilder mit dem Doppelnamen ein Gefühl des Triumphes. Es ist wie ein Zauber: als hätte sich das Reich der Fiktion in die Wirklichkeit hinein ausgebreitet.

Eine Glocke am Gartentor

Illiers-Combray ist kleinstädtisch geblieben. Ein beschaulicher Ort, der niemandem einzureden versucht, daß alles, was es in der Großstadt gibt, hier auch zu haben sei. Die Häuser stehen noch so wie zu Prousts Zeiten, in gutem Zustand, mäßig renoviert. 1940 warfen italienische Flugzeuge einige Bomben über der Stadt ab. Sie trafen den Marktplatz. Dem Kirchturm konnten sie nichts anhaben. Und auch ein Haus, das einige Schritte vom Platz entfernt steht, blieb unversehrt: das der Schwester von Prousts Vater. Dort, bei Elisabeth Amiot, der Tante Leonie des Romans, wohnten im vorigen Jahrhundert die Gäste aus Paris.

Dieses Haus ist heute ein Museum. Das Wohnzimmer wurde rekonstruiert. Das Bett, in dem das Kind Marcel schlief, steht im oberen Stockwerk, ebenso das der Tante: im Raum nebenan, nah am Fenster, durch das sie auf die Straße sehen konnte. Sie war krank und dirigierte den Haushalt von diesem Zimmer aus. Der Blick aus Marcels Fenster geht in den Garten. »Da ich auf meine Lektüre nicht verzichten wollte, beschloß ich, sie im Garten fortzusetzen, und zwar unter dem Kastanienbaum in einer kleinen Hütte aus Lattenwerk und Segeltuch, in der ich den Augen der Personen zu entgehen glaubte, die meine Eltern besuchten.« So steht es im Roman.

Man weiß (besonders seit dem Erscheinen der Biographie des Engländers George D. Painter im Jahre 1965), daß Proust manchen Vorfall aus seiner Kindheit nach Illiers-Combray verlegt hat, der sich tatsächlich gar nicht hier, sondern im Pariser Vorort Auteuil abgespielt hatte. Dort wurde Marcel Proust am 10. Juli 1871 geboren. Illiers dagegen ist der Geburtsort des Vaters. Er war der erste aus seiner Familie, der ihn verließ, um nur noch in den Ferien wiederzukommen.

Für den Sohn wurde Combray zum Sammelbecken der Kindheitserfahrungen. Vieles hat er genau beschrieben, anderes dazuerfunden oder leicht abgewandelt. Den Kastanienbaum im Garten gibt es, auch die Glocke am Gartentor ist erhalten, die Besuche ankündigte. Nicht weit vom Haus der Tante entfernt befindet sich am Ortsende jener Naturgarten, der Marcels Onkel gehörte und den dieser nach Pariser Vorbild »Pré Catelan« getauft hatte. Dort stehen die windschiefen steinernen Taubenschläge neben den Teichen, in denen einst Marcel und sein Bruder Robert nach Karpfen fischten. Es ist ein Ort zum Verweilen; auf einer Bank kann man sich durch die hohen Bäume von der Sonne bescheinen lassen und einer Zeit nachsinnen, die es nur noch im Roman gibt. Stille umfängt den Besucher.

Gleich nebenan schlängelt sich ein Weißdornpfad in die Höhe. Hier kann man – im Frühjahr – eine ganze Wand jener rosa-weißen Blüten bestaunen, die Proust so geliebt hat. »Diese Hecken bildeten in meinen Augen eine unaufhörliche Folge von Kapellen, die unter dem Schmuck der wie auf Altären dargebotenen Blüten verschwanden.« Einmal konnte sich das Kind – so jedenfalls im Roman – nur unter Tränen von seinem emphatisch geliebten Weißdorn trennen. Und es gelobte, »wenn ich erst groß wäre, es nicht so zu machen wie die anderen törichten Leute, und selbst in Paris an Frühlingstagen, anstatt Besuche zu machen und eitles Geschwätz anzuhören, auf das Land zu fahren und die erste Weißdornblüte zu genießen«.

So ist es dann nicht gekommen. Marcel Proust war noch ein Kind, als sich ein Asthmaleiden ankündigte und die Ärzte Ferienaufenthalte an der See verschrieben. Er hat Illiers lange nicht wiedergesehen – und das »eitle Geschwätz« der Gesellschaft wurde dem Erwachsenen vorübergehend Mittelpunkt seines Lebens. Er verkehrte allzu gern in den höheren Etagen, die er später in seinem Roman mitleidslos dargestellt hat.

Das Fotoatelier in Paris

Er war ein hübscher Junge, ein schöner junger Mann, wohlgelitten, beliebt. Schon im Gymnasium suchte der junge Proust die Freundschaft der Söhne der besseren Kreise, vornehmlich des Adels. Er verliebte sich gern in ältere Frauen oder zumindest doch solche, die unerreichbar waren: zumeist die Freundinnen seiner Freunde. Er konnte schwärmen, nicht nur für Mädchen – und später Männer und Knaben –, sondern auch für Künstler: Schriftsteller, Maler, Musiker. Der Komponist Gabriel Fauré erhielt von Proust eines Tages einen Brief: »Monsieur, nicht nur liebe, bewundere und verehre ich Ihre Musik, ich war vielmehr und bin in sie verliebt.«

Der junge Mann wollte Schriftsteller werden.

Aber wie? Anatol France, dessen umfangreiches literarisches Werk er in jungen Jahren bestaunte, sagte einmal zu ihm: »Das ist ganz einfach, mein lieber Marcel. Als ich so alt war wie Sie, war ich nicht hübsch und beliebt wie Sie, ich ging nicht in die Gesellschaft, sondern blieb zu Hause und las in einem fort.« Proust trieb sich viele Jahre lang in den Pariser Salons der Belle Epoque herum, in den höheren und höchsten Etagen der Gesellschaft. Er schrieb auch, veröffentlichte Bücher, Aufsätze, Zeitungsbeiträge. Doch nichts deutete darauf hin, daß er es eines Tages auf sich nehmen sollte, *das* Epos des Jahrhunderts zu schreiben.

Nicht immer kam der vornehme junge Mann gut an; bisweilen wurde sein Hang, die Nähe bestimmter Kreise und Personen zu suchen, als aufdringlich empfunden. Die Gräfin Elisabeth Greffulhe, der er 1893 – er war damals Anfang Zwanzig – zum ersten Mal begegnete und über seinen Freund Robert de Montesquiou, einem Cousin der Bewunderten, näherzukommen trachtete, erinnerte sich später (sie starb im Jahr 1952, dreißig Jahre nach Proust): »Sein unaufhörliches Umschmeicheln gefiel mir nicht. Er war da etwas an ihm, das ich wenig anziehend fand. Und hinzu kam noch der Unfug mit der Fotografie von mir; stets und ständig belästigte er Robert damit, er möge ihm ein Bild von mir verschaffen.«

Daß man sich fotografieren ließ, war damals noch eine neue Leidenschaft, der gerade die besseren Kreise mit großem Eifer anhingen. Freilich hielt man solche Porträts unter Verschluß. Sie galten als privat und intim. »Man gab sie nicht an Außenstehende weiter«, so die Gräfin, die sich gleich in zwei Figuren aus Prousts Romanwerk »Auf der Suche nach der verlorenen Zeit« verewigt finden sollte – als Herzogin und als Prinzessin des fiktiven Adelsgeschlechts der de Guermantes. Die Gesellschaft von Paris ließ sich im Fotoatelier Nadar ablichten. Es war Mitte des neunzehnten Jahrhunderts von Félix Nadar gegründet und gegen 1880 von dessen Sohn Paul übernommen worden. Der machte daraus ein vornehmes Atelier, dessen Porträts schnell Ruhm genossen. Auch die Familie des Arztes Adrien Proust ließ sich aufnehmen – wie fast alle Persönlichkeiten jener Kreise, für die der Sohn Marcel sich so sehr interessierte. Der junge Schriftsteller versuchte, möglichst viele solcher Bilder in seinen Besitz zu bekommen. Er sammelte Fotos der Menschen, die ihn umgaben – niemand wußte, warum, vielleicht nicht einmal er selbst.

Als er Mitte Dreißig war, zog er sich plötzlich aus dem gesellschaftlichen Leben zurück, »blieb zu Hause«, wie es einst Anatol France empfohlen hatte, und schrieb fünfzehn Jahre lang – bis zu seinem Tod am 18. November 1922 – an seinem Hauptwerk: »A la recherche du temps perdu«. Er verließ sein Zimmer nur noch, wenn er sich eines Details vergewissern wollte, das sein Gedächtnis oder ein Foto nicht hergab: die Geste einer bestimmten Person, die Möbel eines Salons – dann mischte er sich noch einmal unter Leute. Sonst galt für ihn: »Das wahre Leben, das endlich entdeckte und aufgehellte, das einzige von uns wahrhaft gelebte Leben ist die Literatur: jenes Leben, das in gewissem Sinne bei allen Menschen so gut wie bei dem Künstler in jedem Augenblick wohnt.« So sagt es der Ich-Erzähler dieses Mammutwerks mit mehr als zweihundert Romanfiguren und von mehr als viertausend Seiten.

Dieser Erzähler heißt Marcel. Doch darf man sich nicht einfach ein Abbild des Schriftstellers vorstellen – auch nicht ein Abbild der Gesellschaft, die ihn umgab. Und jene Fotos, die Proust sammelte, tragen wenig zur Erklärung des Wunderwerks bei, das der Zurückgezogene noch abschließen konnte und das zwischen 1913 und 1927 erschien. »Ich wußte nicht«, läßt Proust sein Alter ego gegen Schluß des Epos sagen, »ob es eine Kirche sein würde, in der die Gläubigen nach und nach Wahrheiten entdeckten und Harmonien, den großen Plan, der dem Ganzen zugrunde lag, erkennen würden, oder ob mein Werk wie ein Druidenmal auf dem Gipfel einer Insel für immer unbesucht dastehen würde.« Längst gilt das Werk als Wallfahrtsort im Geiste, als eine der wesentlichen künstlerischen Offenbarungen des zwanzigsten Jahrhunderts – eine Kathedrale neben den vielen literarischen Kirchen und Kapellen.

Das sahen die Zeitgenossen Prousts naturgemäß anders. Robert de Montesquiou etwa, der einst das Foto seiner Cousine besorgen sollte, erkannte sich angeblich wütend in der Figur des Baron de Charlus wieder. Wie Prousts Haushälterin Céleste Albaret in ihren Memoiren beschrieben hat, vermochte der Romancier sein Opfer nur schwer beruhigen (was allerdings auch andere Gründe gehabt haben könnte). Und das Vorbild für jenen Swann, nach dem der erste Teil des Romans seinen Namen hat (»In Swanns Welt«), nämlich Charles Haas, wurde in den Salons nun gar als »Swann-Haas« angesprochen.

Erst spät übrigens kam die Nachwelt auf die Idee, im Fotoarchiv des Ateliers Nadar einfach einmal nach den Porträts jener Menschen zu fahnden, die Proust zu Vorbildern seiner Figuren nahm – wobei er oft aus mehreren Personen eine einzige gemacht hatte. Ein Amerikaner, William Howard Adams, veröffentlichte diese Bilder 1984 zunächst in den Vereinigten Staaten (1988 erschien der Bildband auch in Deutschland unter dem Titel »Prousts Figuren und ihre Vorbilder«). Der Proust-Liebhaber wird nicht lange fragen, ob eine solche Edition erlaubt und sinnvoll ist, er ist süchtig nach allem, was mit der »Recherche« in Beziehung steht; den Proust-Anfänger könnte diese Galerie immerhin verlocken, sich an das monumentale Werk zu wagen.

Noch einmal am Ort der Kindheit

Und wer nach Illiers-Combray reist – ist der dem Roman »Auf der Suche nach der verlorenen Zeit« oder wenigstens seinem Schöpfer Marcel Proust näher? Der Blick aus dem Fenster des Knaben in den Garten, der Anblick der Eisenstühle und des Tischs unter dem Kastanienbaum – wozu verhilft derlei? Als der junge Proust hier vor mehr als hundert Jahren saß, sind ihm bei seiner Lektüre ähnliche Gedanken gekommen. »Hätten meine Eltern mir erlaubt, den Schauplatz eines Buches, das ich las, selber aufzusuchen, so hätte das meiner Meinung nach einen unschätzbaren Fortschritt in der Eroberung der Wahrheit bedeutet.« So heißt es im Roman.

Als er diese Worte schrieb, wußte Proust schon, daß die Dinge so einfach nicht liegen. Gegenden und Gegenstände, die von der Literatur adaptiert worden sind, wirken in der Realität zumeist ernüchternd, oder wie Proust es ausdrückt: »Enttäuscht stellt man fest, daß sie von Natur jenen Reiz nicht besitzen, den sie in der Welt unserer

Gedanken durch die Nachbarschaft gewisser anderer Vorstellungen angenommen haben.«

Trotzdem wird heute der Leser der »Recherche« in Illiers-Combray ein Gefühl von Heimat haben und eine sonderbare Aufhebung der Fremdheit des Ortes durch dessen literarische Präsenz erleben. Das betrifft übrigens mehr die Landschaft als das Haus, in dem Proust gewohnt hat: Das Museum hat etwas Erstarrtes, Lebloses, trotz der Rekonstruktion bis hin zur Kücheneinrichtung. Dagegen die Natur (auch die domestizierte im Garten »Pré Catelan«): Sie vermittelt am ehesten jene Spannung zwischen Dauer und Veränderung, aus der das Gefühl für die Gegenwärtigkeit des Vergangenen und die Vergänglichkeit aller Gegenwart erwächst.

Die Landschaft um Illiers-Combray: eine große Ebene, in der sich der Blick verlieren kann und die doch von feinen Höhenunterschieden akzentuiert wird. Proust liebte besonders eine Stelle, die sich, wie es im Roman heißt, »plötzlich auf ein weites Plateau öffnete, das am Horizont von sturmzerfetzten Wäldern eingefaßt war, über die einzig die feine Spitze des Glockenturms von Saint-Hilaire sich erhob, so schmal, so rosigzart, daß sie nur mit dem Nagel auf den Himmel eingeritzt schien in der Absicht, auf diese Landschaft, die aus nichts als Natur bestand, ein kleines Zeichen von Kunst, eine einzige Note menschlicher Anwesenheit zu setzen«. Es wäre aussichtslos, mit Proust in der Beschreibung seiner Landschaft konkurrieren zu wollen. Auch die Kirche, die in Wirklichkeit Saint-Jacques heißt, erkennt man immer noch sofort anhand der Lektüre, wie sie »mit ihrem hohen, düsteren Kragenmantel wie eine gute Hirtin ihre Schafe die grauwolligen Rücken der zusammengeduckten Häuser gegen den Wind zu beschirmen versuchte«. Heute wie damals zeichnet der Kirchturm »sein unvergeßliches Bild bereits in den Horizont, bevor noch Combray den Blicken erschien«. Man kann in einem Radius von zehn und mehr Kilometern um den – in einer Senke verschwundenen – Ort herumfahren, der Turm kündet stets von ihm »wie der Finger Gottes selbst«.

Mittlerweile hat dieser Fingerzeig profane Konkurrenz bekommen: Wie überall in der Gegend steht auch am Ortsausgang von Illiers-Combray einer jener häßlichen Betonwassertürme, die der Provinz vom Schreibtisch weg verordnet worden sind. An diesem Turm vorbei führt der Weg ins Dörfchen Méréglise, das im Roman des Wohlklangs wegen zu Méséglise wurde; das ist eine der beiden Routen, die die Familie Proust in den siebziger Jahren des neunzehnten Jahrhunderts für ihre Spaziergänge wählte.

Auf diesem Weg trifft der Ich-Erzähler Marcel (»der nicht ich selbst bin«, wie Proust einen Freund im Brief belehrt hat) eines Tages auf Gilberte, die Tochter von Swann. Es ist nur eine kurze flüchtige Begegnung, doch Gilberte wird – wie ihr Vater – im Romanwerk immer wieder vorkommen. In diesem Moment blitzt zum zweiten Mal das Motiv der Leidenschaft auf; man ahnt es mehr, als daß man es bemerkt. Die erste Leidenschaft des Knaben – in der Wirklichkeit wie im Roman – gehörte der Mutter: Ihre Zuwendungen waren das fiebernd ersehnte Ziel seiner Wünsche, jede Verzögerung oder Verweigerung stürzte den Jungen in eine seelische Krise.

Das alles wird am Anfang des Romans eingehend geschildert. Der amerikanische Schriftsteller und Literaturtheoretiker Edmund Wilson verglich die Eröffnung mit einer Ouvertüre. Und so, im musikalischen Sinn eines Vorspiels, das die Motive, die man noch nicht kennt, anklingen läßt, kann man sie tatsächlich auffassen. Viele Leser mit der besten Absicht sind am »Combray«-Kapitel gescheitert und haben nicht den Atem gehabt, nach den steilen Anfangsstufen ins Offene des Romans zu treten.

Dabei scheint der Auftakt rückblickend immer grandioser, je weiter man mit der Lektüre fortfährt: Ein Mensch erwacht mitten in der Nacht, ein Moment der Orientierungslosigkeit, die Koordinaten seines Alltags sind durcheinandergerutscht: Wie spät ist es? Wo ist er? Jeder von uns kennt solche Augenblicke der Schwebe, in denen unser Ich sich nicht zurechtfindet, in denen sich die Lebensalter vermischen, Traumhaftes die Wirklichkeit überlistet. Obgleich fern aller Stützen und Sicherheiten, sind diese Momente doch merkwürdig real, klar, intensiv. Meistens schütteln wir sie schleunigst ab und nehmen Zuflucht bei Orientierungshilfen: der Uhr, dem Lichtschalter, der Erinnerung an das, was vor dem Einschlafen war. Zeitgenossen Prousts haben die ersten Seiten von »In Swanns Welt« für die Beschreibung einer Schlafstörung gehalten. Damals waren Freud und die Beschäftigung mit der Welt des Traums noch nicht populär. »Vielleicht bin ich vernagelt«, ließ der Leiter eines der Verlage, die das Manuskript zurückschickten, Proust wissen, »aber ich kann nicht verstehen, daß ein Mensch dreißig Seiten braucht, um zu beschreiben, wie er sich vor dem Einschlafen im Bett hin und her wälzt. Da kann man nur den Kopf schütteln.«

Proust hat einen Augenblick des Erschreckens und Gewahrwerdens herausgegriffen und wie in Zeitlupe zerdehnt. Er schuf damit eine beispiellose Introduktion: eine Sphäre jenseits eines bestimmten Ortes, einer bestimmten Zeit, ganz im Innenraum einer Person, und doch nicht nur im Reich der Phantasie oder des Traums angesiedelt. Schon hier hat er den Schlüssel umrissen, der den Roman erschließt, einen Roman, der doch erst vom Ende her ganz einsichtig wird. »All das ist nur der Stamm des Buches«, schrieb er 1913 an einen der ersten Leser seines Buches. »Und was er trägt, ist wirklich, leidenschaftlich.« Das sind keine leeren Worte. Illiers war in dem magischen Ort Combray aufgegangen und zum Ausgangspunkt eines einzigartigen literarischen Universums geworden.

Proust hat als Erwachsener den Ort seiner Kindheit wieder aufgesucht. Er ist auf den Wegen gewandelt, die die Familie einst für ihre Spaziergänge wählte: Richtung Méréglise und Richtung Saint-Eman (im Roman das geheimnisvolle Schloß Guermantes). War das die Anregung, die er brauchte? Bekam er dadurch Lust, das alles aufzuschreiben? Keineswegs. Er beschreibt die Wiederbegegnung im Roman so: »Was mich am meisten überraschte, war jedoch, wie wenig ich während dieses Aufenthalts meine früheren Jahre noch einmal durchlebte, wie wenig mir daran lag, Combray wiederzusehen, wie schmal und unschön mir die Vivonne erschien.«

Die Vivonne – in Wirklichkeit heißt der Fluß Loir – war ihm wie die Weißdornblüte in der Kinderzeit ein Anblick von höchster Freude gewesen, nun ließ ihn das alles kalt. Zum ersten Mal besuchte er jetzt auch die Quellen des Flusses, die sich das Kind als etwas ebenso Unirdisches vorgestellt hatte »wie den Eingang zur Unterwelt«, und mußte erleben, daß sie »doch nur viereckige, waschschüsselförmige Vertiefungen waren, aus der Blasen aufstiegen«. Angesichts dieser Ernüchterung überkommt den Ich-Erzähler – und überkam wohl auch Proust – das Gefühl, er werde »zum Schreiben niemals befähigt sein«.

Der Tee und der Zwieback

Die weitverbreitete Ansicht, daß es sich bei der »Suche nach der verlorenen Zeit« um ein imposantes Stück Memoirenliteratur, um eine großangelegte Autobiographie handle, ist nicht schlichtweg falsch – geht aber am Kern des Romanwerks vorbei. Und zwar nicht deshalb, weil Proust die Beschreibung mit fiktiven Elementen angereichert oder weite Bereiche seiner realen Vita ganz ausgeblendet hat, manches nur in Spiegelungen und Variationen auftauchen läßt (das haben andere Autobiographen genauso gehalten), sondern weil es ihm überhaupt nicht um die bestmögliche Rekonstruktion eines, seines Lebenslaufs gegangen ist. Er hat nicht einfach die verlorene Zeit gesucht und gefunden. Die »Recherche« ist nicht der Roman *eines* Lebens, sondern ein Roman über das Leben: über die Bedingungen, unter denen menschliches Leben sich seiner selbst vergewissern kann. Das Werk ist Lebensbild und erkenntnistheoretisches Traktat in einem. Das erst macht seinen beispiellosen Rang, seine Größe aus.

Deswegen auch konnte die Wiederbegegnung mit der Landschaft der Kindheit kein Auslöser für den Beginn der Arbeit an diesem Roman sein. An der Wiedergabe dessen, was er schon über sich wußte, dessen also, was in seinem Gedächtnis gespeichert war, lag Proust nichts. Das hatte er schon einmal in jungen Jahren versucht, im Alter von fünfundzwanzig. Damals begann er seinen Roman »Jean Santeuil« zu schreiben, in dem es heißt: »Alle Szenen, die ich hier berichte, habe ich selbst erlebt.« Doch er verwarf ihn (das Manuskript wurde erst fünfzig Jahre später posthum veröffentlicht). Er war zu der Überzeugung gekommen, daß eine bloß abschildernde Kunst, »schlicht wie das Leben und ohne Schönheit«, nichts als Lüge reproduziert: nämlich jene Lebenslüge, die sich jeder Mensch irgendwann zurechtlegt. Solche Kunst empfand Proust als billige Zweitauflage, langweilig und eitel.

»Nein, hätte ich keine geistigen Überzeugungen, suchte ich mich lediglich zu erinnern und durch diese Erinnerungen hindurch die gelebte Zeit doppelt zu nützen, dann nähme ich in meinem kranken Zustand mir nicht die Mühe zu schreiben«, verkündete Proust, nun über vierzig Jahre alt, in einem Brief, als er mit der Arbeit an der »Recherche« endlich vorankam: zurückgezogen in seinem gegen den Lärm mit Kork ausgepolsterten Zimmer in Paris, gegen ein Asthmaleiden kämpfend, hauptsächlich in der Nacht schreibend.

Die »verlorene Zeit«: das meint etwas anderes als die gelebte, vergeudete, abgelaufene Zeit. Wonach Proust auf der Suche war, ist nicht im Gedächtnis eines Menschen gespeichert – oder es ist dort nicht einfach abrufbar. Es findet sich jenseits von Jahreszahlen, Daten, Erinnerungen, ja jenseits des Verstands. »Mein Roman ist kein Werk des Verstandes«, hat der Dichter einem Freund 1912 mitgeteilt, ein Jahr, bevor der erste Band erschien, »noch seine kleinsten Elemente sind mir aus den Bereichen des Gefühls zugeflossen, ich habe sie zuerst auf dem Grund meiner selbst entdeckt, ohne sie zu verstehen; und sie in etwas verstandesmäßig Begreifbares umzuwandeln, macht mir soviel Mühe, als wären sie der Welt des Verstandes so fremd gewesen wie ein musikalisches Motiv.«

Für Zeitgenossen, die von der Arbeitsweise der Psychoanalyse nichts wußten und so auch nicht hilfsweise einen Vergleich für Prousts literarische Methode zur Hand hatten, konnte das mißverständlich sein: Doch mit Gefühlsduselei hatte das alles nicht entfernt etwas zu tun. Die »Recherche« ist zwar kein Werk *des* Verstandes, doch nicht: ein Werk *ohne* Verstand. Im letzten Band mit dem Titel »Die wiedergefundene Zeit«, 1927 veröffentlicht (also fünf Jahre nach dem Tod des Verfassers), hat Proust seine Dichtungstheorie entwickelt und so im Roman selbst eine Erklärung für dessen Entstehung versucht.

Das, worum es ihm im wesentlichen geht, umschreibt er dort mit dem Begriff »Eindruck«, wobei das wörtlich zu nehmen ist: als »Ein-Druck« des Lebens in das Individuum. Der »Eindruck« habe für den Schriftsteller eine ähnliche Bedeutung wie das Experiment für den Naturwissenschaftler – »mit dem Unterschied, daß bei dem Naturwissenschaftler die Arbeit des Verstandes vorausgeht, bei dem Schriftsteller aber folgt«. Nur der »Eindruck« sei ein Kriterium der Wahrheit und verdiene, geistig akzeptiert zu werden, »wie hauchdünn auch seine Substanz zu sein scheint, wie ungreifbar seine Spuren«.

Was kann man sich darunter vorstellen? Proust hatte im Januar 1909, eine ganze Zeit nach seinen neuerlichen Besuchen in Illiers, eine merkwürdige Erfahrung gemacht: eine Tasse Tee (er trank sonst nur Kaffee) und ein Zwieback brachten ihm schockartig Eindrücke aus seiner Kinderzeit wieder, die bedrängender und lebendiger waren, als jede Erinnerung es sein konnte. Nahtlos verschränkten sich Vergangenheit und Gegenwart zu einer atemraubenden Synthese: ähnlich wie es dem nächtlich Erwachenden ergeht, der den Sinn für die Zeit und den Ort verloren hat. Proust konnte mit großer Konzentration das Wunder deuten: die Geschmacksnerven hatten die Jetztzeit mit jenen Momenten kurzgeschlossen, als das Kind in Illiers regelmäßig ein in Lindenblütentee getauchtes »Madeleine«-Gebäck erhielt.

Im Roman berichtet der Ich-Erzähler schon am Anfang davon – mit kleinen Abweichungen gegenüber der Realität (im Buch greift er wieder zu einer »Madeleine« und nicht zu einem Zwieback). Am Ende erfahren wir, daß noch einige solcher Vorfälle nötig waren, damit das Werk begonnen werden konnte. Vor allem war eine Erfahrung noch zu machen – die des Alterns und also der Nähe des Todes: »Ja, die Idee vom Wesen der Zeit, die ich mir gebildet hatte, sagte mir, es sei an der Zeit, mich an dies Werk zu begeben. Es war höchste Zeit.« So heißt es im Roman selbst.

Proust hatte noch Zeit, sein Werk zu vollenden. Er nahm sie sich, gab seiner Krankheit so lange nicht nach, bis er fertig war. Dann erst starb er, nicht ohne die positive Aufnahme der ersten Bände bei der Kritik und beim Publikum noch miterlebt zu haben. Für jeden, der zu lesen versteht, ist die »Recherche« eine Reise zurück ins eigene Leben. Wen diese Lektüre nicht verwandelt, der ist nicht zu verwandeln. Hier kann man lernen, was den Menschen zusammenhält: wie das Ich sich durch die Zeit bewegt, wie es sich verändert und verändert wird, wie es sich erfährt und immer wieder vergißt. Ein Zeitlupenstil spürt noch den feinsten Eindrücken nach, überläßt nichts dem oberflächlichen Gedächtnis, »eine mikrologische Technik«, fand später der Philosoph Theodor W. Adorno, »unter der schließlich die Einheit des Lebendigen nach Atomen sich spaltet«. Das letzte Geheimnis seiner schöpferischen Leistung allerdings hat Proust auch in seinem Roman nicht offenbart. Wir erfahren dort nur, wie ihm klar wurde, was er eigentlich darstellen wollte.

Swann: Liebesopfer und Frauenheld

Kaum jemals zuvor ist in der Literatur vor allem jene »fixe Idee, die man Liebe« nennt, so bis in die letzten Winkel ausgeleuchtet worden – und ihr lästiges Appendix, die Eifersucht. Das gilt besonders für »Eine Liebe von Swann«: jene 1984 von Volker Schlöndorff verfilmte Romanepisode, in der von Charles Swanns Liebe zur Edelprostituierten Odette erzählt wird.

Proust hat die verrückte Leidenschaft des in den besten Kreisen verkehrenden Mannes in einer der über den Roman verstreuten Fußnoten kühl und trocken kommentiert: »Wenn wir unsere Gefühle besser zu analysieren verständen, würden wir manchmal merken, daß uns Frauen oft nur gefallen, weil auf der anderen Seite Männer vorhanden sind, denen wir sie erst streitig machen müssen.« Wenn dieser Widerstand irgendwann wegfalle, verliere sich auch der Zauber der Frau. Im Fall von Swanns Begehren spielt die Konkurrenzsituation eine große Rolle – und natürlich läßt sich daraus Kinokapital schlagen. Wie Swann sich zum Narren seiner Liebe macht, wie er sich demütigen läßt, wie er schließlich Odette ein Heiratsversprechen gibt, das alles hat Schlöndorff in Bilder umgesetzt. Allerdings ist der Preis der bündigen Filmerzählung, daß alles banal und überschaubar wird.

Bei Proust ist das Romankapitel »Eine Liebe von Swann« das einzige, das vor der Geburt des Erzählers spielt (folgerichtig in der dritten Person abgefaßt) – und keinesfalls der abgeschlossene Teil, als der es oft gesehen wird. Die Pointe der Mesalliance von Swann und Odette, nämlich deren Eheschließung, wird im Roman in einem späteren Kapitel offenbart – ganz en passant: ein faszinierender Akt erzählerischer Selbstbeherrschung.

Swann ist, bevor er Odette verfällt, ein Frauenheld gewesen. Im Roman heißt es von ihm: »Er baute nicht Hütten in dem, was er sich an Beziehungen geschaffen hatte, sondern schlug statt dessen lieber überall da, wo eine Frau ihm gefiel, eines jener leicht abzumontierenden Zelte auf, wie Forschungsreisende sie mitzuführen pflegen.« Nur auf dieser Grundlage wird das schäbige Ende der Liebe Swanns zu Odette einsichtig. Sie ist ihm gleichgültig geworden, und er betrügt sie: Er ist längst zu seiner alten Lebensweise zurückgekehrt. Ja, er hat nicht einmal mehr Lust, die Ehefrau damit zu kränken und sich so für das frühere Leid zu rächen – er verheimlicht ihr den Ehebruch und ergreift »tausend Vorsichtsmaßregeln, damit seine Frau von dieser neuen Liebe beileibe nichts erfuhr«.

Proust gibt sich in seinem Roman, was die Liebe angeht, betont illusionslos. Die Ansicht des Erzählers lautet, »daß wir, wenn wir in eine Frau verliebt sind, einfach einen Zustand unserer Seele in sie hineinverlegen und daß infolgedessen nicht der Wert der Frau, sondern das Niveau unsres Zustands einzig von Wichtigkeit ist«. Und gleich noch so eine unromantische Bissigkeit: »Die menschlichen Wesen sind uns gewöhnlich so gleichgültig, daß, wenn wir in eines von ihnen solche Möglichkeiten des Leidens und der Freude hineingelegt haben, es uns einer anderen Welt anzugehören scheint, sich mit Poesie umgibt und unser Leben zu einer tief bewegenden weiten Landschaft macht.«

Die »Liebe von Swann« ist innerhalb des Romanwerks eine Seitenlinie: gewissermaßen ein Vorecho jener breiten Melodie, die davon kündet, »daß Lieben eine böse Verzauberung ist, wie sie in Kinderwünschen vorkommt, gegen die man nichts vermag, bis der Zauber gebrochen ist«. Das Raffinement, mit dem Proust der banalen amour fou kommentierend und vorausdeutend eine komplexe Tiefenstruktur unterlegt, ist zu bewundern. Auch zur Geschichte des eigentlichen Helden der »Recherche«, nämlich des Erzählers Marcel, hat Swanns Liebesunglück einen engen Bezug. Swanns und Odettes Tochter ist ja niemand anderes als jene Gilberte, die Marcels frühe große Liebe ist und der er auf seinen Spazierwegen in und um Combray erstmals begegnet. So greift in diesem Riesenwerk eines ins andere. Zu Recht wird Prousts Roman neben die Leistungen Freuds gestellt, auch wenn er – wie gesagt – ganz und gar kein theoretisches Werk ist. »Ein Buch, das Theorie enthält, ist wie ein Gegenstand, an dem noch das Preisschild hängt«, befand der Erzähler Proust.

Wer heute inmitten der Landschaft von Prousts Kinder- und Ferientagen steht, wer den weiten Blick rund um Illiers-Combray atmet, der mag ein wenig besser ermessen können, wo die Kraft und die Ausdauer für diese im Mannesalter entstandene epische Architektur ihren Ursprung haben. »Das Werk des Schriftstellers«, heißt es im Roman, »ist lediglich eine Art von optischem Instrument, das der Autor dem Leser reicht, damit er erkennen möge, was er in sich selbst sonst nicht hätte erschauen können.«

Marcel Proust schwebte ein Werk vor, das den Lesern ermöglichen sollte, in sich selbst zu lesen. »Denn sie würden meiner Meinung nach nicht meine Leser sein«, heißt es gegen Ende der »Suche nach der verlorenen Zeit«, »sondern die Leser ihrer selbst, da mein Buch nur etwas wie ein Vergrößerungsglas sein würde, ähnlich jenen, die der Optiker in Combray einem Käufer über den Ladentisch reichte.«

Bleiben ist nirgends

Rainer Maria Rilke:
»Duineser Elegien«

Auf diesem Balkon hat er gestanden. Diesen Blick aufs Meer hat er genossen. Mehr als achtzig Jahre ist das her. Der Dichter Rainer Maria Rilke und Schloß Duino: die Geschichte einer kurzen Begegnung und einer langen Wirkung.

Der Steinbalkon, gut zehn Meter in der Länge, ist der Vormittagssonne zugewandt. Die Hitze vieler Jahre hat ihre Spuren in den rostroten Fensterläden hinterlassen. Von hier aus schaut man ins Offene: Der Golf von Triest liegt einem zu Füßen. Die Stadt selbst läßt sich fernab im Dunst der Küste erkennen. Die Sonne zeichnet eine gleißende Schneise ins Wasser, durchbrochen von der Spur eines kleinen Motorschiffs. Das Schloß hat gewissermaßen zwei Vorderseiten zum Meer hin: die andere erwartet die Abendsonne. Beide Fronten stoßen im flachen Winkel aufeinander, die Spitze weist geradewegs aufs Wasser: ein Schiff vor Anker.

Kurz unterhalb des Balkons beginnt der Fels, ein kurzer Vorsprung nur – dann geht es wohl hundert Meter senkrecht hinab. Glasklar und blaugrün das Wasser. Es ist noch kalt an diesem Märztag, frostig, doch die Sonne deutet schon an, was sie noch vorhat.

Rilke wohnte von Oktober 1911 bis Mai 1912 in diesem »immens ans Meer hingetürmten Schloß, das wie ein Vorgebirge menschlichen Daseins mit manchen seiner Fenster (darunter mit einem meinigen) in den offensten Meerraum hinaussieht, unmittelbar ins All möcht man sagen«. So Rilke in einem Brief kurz nach seiner Ankunft.

Der Schriftsteller ist auch vorher und nachher für kürzere Zeit an diesem Ort gewesen. Doch bei jenem Aufenthalt gelang ihm – Anfang 1912 – das Wesentliche: der Auftakt zu einem Gedichtzyklus. Rilke hatte die Fürstin von Thurn und Taxis, der das Schloß gehörte, 1909 in Paris getroffen, wo er seit Anfang des Jahrhunderts vornehmlich wohnte. Rilke, am 4. Dezember 1875 in Prag geboren, war damals schon ein bekannter Lyriker. Erste Gedichte hatte er, als ganz junger Mensch, noch in der Heimatstadt veröffentlicht: mehr oder weniger verunglückte Verse. Er selbst war später sein strengster Kritiker. Den 1894 – noch unter dem Namen René Maria Rilke – publizierten Debütband »Leben und Lieder« hätte er zwölf Jahre danach am liebsten »eingestampft« gesehen. Der immensen Produktion der frühen Jahre stand Rilke insgesamt mit »Ablehnung und Ableugnung« gegenüber.

Erst nach der Jahrhundertwende – zwischen 1902 und 1907 – erschienen jene Lyrikbände, die auch in seinen Augen Bestand hatten: »Das Buch der Bilder«, »Das Stunden-Buch«, »Neue Gedichte«. Und 1906 sein erfolgreichster Titel: das lyrisch gestimmte Prosastück »Die Weise von Liebe und Tod des Cornets Christoph Rilke«. Im Jahre 1910 kam der Tagebuchroman »Die Aufzeichnungen des Malte Laurids Brigge« hinzu, ein Zeugnis deprimierender Großstadterfahrung. »Ach, aber mit Versen ist so wenig getan, wenn man sie früh schreibt«, heißt es in diesem Roman. Und der Held, ein Dichter, träumt in Paris von einer anderen Umgebung: »Wenn ich irgendwo hätte wohnen dürfen, irgendwo auf der Welt, in einem von vielen verschlossenen Landhäusern, um die sich niemand bekümmert.«

Marie von Thurn und Taxis konnte dem Verfasser gleich ein ganzes Schloß bieten. Im September 1911 schrieb Rilke der Fürstin dankbar auf die Einladung hin: »Welcher Segen, daß Sie mich in Duino verbergen wollen: als ein Flüchtling, wie unter falschem Namen, will ich mich dort aufhalten.«

Nach dem »Malte« war er in eine Krise geraten. »Es ist das Furchtbare an der Kunst«, schrieb Rilke Anfang 1912 aus seinem Duino-Zimmer an die frühere Geliebte und beständige Lebensfreundin Lou Andreas-Salomé, »daß sie, je weiter man in ihr kommt, desto mehr zum Äußersten, fast Unmöglichen verpflichtet.« Er verfaßte in den Wochen und Tagen vor dem Beginn der Arbeit am Gedichtzyklus viele Briefe, in denen er umriß, was er als seine Aufgabe ansah. Talent habe kaum noch Sinn in unseren Tagen, »da eine gewisse Geschicklichkeit im Ausdruck allgemein geworden ist«, schrieb er einer anderen Briefpartnerin. »Darum bedeutet Gelingen nur noch etwas, wo das Höchste, Äußerste gelingt.«

Im Januar 1912 schrieb er die erste von insgesamt zehn Elegien, die ihren Titel dem Ort ihres Ursprungs verdanken: »Duineser Elegien«. Daß man über die Entstehungsgeschichte – auch die spätere, jenseits der Schloßmauern – genau Bescheid weiß, ist Rilke selbst zu verdanken. Er, der sich eine große, ja die größtmögliche Leistung abverlangen wollte, bereitete das Echo sorgsam vor. Er inszenierte sein Dichterleben. Die Mitwelt sollte wissen, was da entstand. Die Arbeit am Elegien-Zyklus stagnierte freilich schon bald wieder: noch vor der Abreise aus Duino im Mai 1912. In den Briefen der folgenden Jahren geht es immer wieder darum, wann und wo er endlich die Kraft und Eingebung haben werde, den Elegien-Zyklus voranzutreiben und abzuschließen. Bis zum Kriegsausbruch reiste Rilke umher, besuchte Spanien, Afrika. Doch zu den zwei Elegien und einigen fragmentarischen Zeilen, die er auf Schloß Duino geschrieben hatte, kam im nächsten Jahrzehnt nur wenig hinzu. Anfang 1920 klagte er: »Am meisten Heimweh aber hab ich nach dem ›Richtigen‹ – nach dem *Elegien*-Ort, den ich immer noch erhoffe, erwarte.«

Nicht in Duino, sondern in einem Turm in Muzot vollendete er schließlich das Werk. Dort, in der Schweiz, fand er im Februar 1922 zu jener Konzentration, die ihn den Zyklus komplettieren ließ. In wenigen Tagen, in wenigen Stunden entstand der Rest, hier und da später noch bedacht und überarbeitet. Benommen und erlöst schickte Rilke Geburtsannoncen in die Welt hinaus. Jubelschreie. Der Brief an den Verleger Anton Kippenberg war dabei noch gemäßigt: »Lieber Freund, jetzt erst werd ich atmen und, gefaßt, an Handliches gehen. Denn dieses war überlebensgroß –, ich habe gestöhnt in diesen Tagen und Nächten, wie damals in Duino … Ich bin hinausgegangen, in den kalten Mondschein und habe das kleine Muzot gestreichelt wie ein großes Tier –, die alten Mauern, die mir's gewährt haben. Und das zerstörte Duino.« Das Ganze solle heißen: »Die Duineser Elegien«. Und Rilke fügte hinzu: »Man wird sich an den Namen gewöhnen. Denk ich.« Knapp fünf Jahre danach, am 29.

Dezember 1926, ist Rilke im Sanatorium Val-Mont gestorben, etwas über fünfzig Jahre alt. Am 2. Januar 1927 wurde er im Wallis beigesetzt.

Gedichte statt Psychoanalyse

Duino hatte er nach Kriegsausbruch nicht mehr wiedergesehen, jenen Ort, »der doch gleichsam, im Sichtbaren, der Gipfel ist meiner letzten steinigen Jahre« (1914 an die Fürstin). Das zerstörte Duino: In den Kämpfen des Ersten Weltkriegs wurde das Schloß beschossen und beschädigt. Triest und seine Umgebung gehörten zu Österreich (»Schloß Duino bei Nabresina, österreichisches Küstenland«, pflegte Rilke im Briefkopf als Adresse anzugeben). Nach dem Krieg wurde restauriert.

Auf der östlichen Seite des Schlosses gehört noch ein großer Teil des verwilderten Steilufers zum Grundstück. Nur mühsam findet man durch das Gestrüpp. Der Weg führt an drei kreisrunden Trichtern vorbei, mehr als zwei Meter tief, acht Meter im Durchmesser, sie sehen aus wie in den Fels gesägt. Tausend Meter vom Schloß entfernt verschanzten sich hier einst die k. u. k. Soldaten mit schweren Geschützen.

Das Schloß ist keineswegs für jedermann zu besichtigen. Man muß schon ein gezieltes Interesse vorweisen können, um ins Innere vorzudringen. Rilke öffnet da manches Tor. Zu Beginn der siebziger Jahre wurde hier ein Studienzentrum gegründet. Rilke-Tagungen finden regelmäßig im Schloß statt. Es gibt sogar Gästezimmer mit Blick aufs Meer. Oben auf dem alten Turm kann man sehen, wie die reichen Italiener von heute es den Fürsten nachtun: Entlang der Küste stehen die prächtigsten Villen, mitunter so mutig in den schroffen Steilhang gebaut wie das große Schloß.

Als Rilke von hier oben hinabblickte, sah er nur wenig Häuser und viel Natur. »Sie müssen wissen«, schrieb er 1912 in einem Brief, »daß ich den ganzen Winter im Karst am Meer gewesen bin, ganz allein in einem alten starken Schloß meiner Freunde Thurn-Taxis: seltsame Monate, von denen sich erst viel später wird sagen lassen, was sie etwa an mir geleistet haben. Es war eine Einsamkeit von unendlichem Umfang.«

Einsamkeit, ja, aber auch Verdruß. Darüber äußerte er sich allerdings nur in Briefen an die Freundin Lou. Er hatte die Abgeschiedenheit gesucht, nun zerrte sie an seinen Nerven. Der Alltag im Refugium wurde zur Qual. Rilke fühlte sich als Gefangener, beklagte, »daß mir die Natur hier fast nichts entgegenbringt, sogar das Meer läßt mich gleichgültig«. Ja, er berichtete: »Was für Tage, Du machst Dir keine Vorstellung, wie hoch und steil mirs jeden Morgen bevorsteht beim Aufwachen, mit einem unbeschreiblichen Müdesein von Gelenk zu Gelenk bis in die Fingerglieder hinein, schieb ichs hinaus … Es ist wahr, Duino tat mir nie wohl, als ob zuviel gleichgestimmte Elektrizität da wäre, die mich überlädt.« Das war die Kehrseite des zum Elegien-Ort stilisierten Schlosses.

Rilke war zeitlebens ein kontinuierlicher, fast besessener Briefeschreiber. Von Anfang an scheint für ihn die Abfassung oft seitenlanger, Privatestes berührender Briefe die Funktion eines Tagebuchs oder Arbeitsjournals erfüllt zu haben. Ausdrücklich hieß er im Testament vom Oktober 1925 die Publikation seiner Korrespondenz gut. Heute steht das Konvolut der Briefe erkennbar eigenständig neben dem Werk, dieses an Umfang weit überragend. Unter den Autoren deutscher Sprache – zumal im zwanzigsten Jahrhundert – zählt Rilke zu den Fleißigsten: Zehntausend Briefe sind es mit Gewißheit gewesen, die er, oft in jahrzehntelanger Anhänglichkeit, Kollegen und Lesern, Freunden und vor allem Freundinnen in aller Welt zudachte. Hugo von Hofmannsthal (auch er ein Empfänger von Rilke-Post) sprach nach dem Tod des Dichters von der »Vergeudung seiner Sympathie, seines Mitgefühls an ungezählte Existenzen«. Doch für Rilke war diese Art des Schreibens eine sein Werk und das Leben begleitende Daseinsform: Hier konnte er sich aussprechen, mußte nicht die Strenge der Form, das genaue Wort achten – wobei sein Stil fast immer von großer Klarheit und Lebendigkeit geprägt ist. Anders gesagt: auch hier schrieb Rilke.

Das beginnt Ende des neunzehnten Jahrhunderts mit einem rührenden Brief aus Prag an Theodor Fontane. Offenbar hatte der junge Lyriker dem bewunderten Schriftsteller zuvor seinen zweiten (1895 publizierten) Gedichtband »Larenopfer« geschickt, und nun gab es Anlaß, verbunden mit Dank für Lob und Zuspruch, ein Mißverständnis Fontanes aus der Welt zu schaffen: »Sie haben, hochwerter Herr, durch meinen zweiten Vornamen verleitet, in mir eine Dame gesehen; dies ist nun nicht der Fall – ich bin männlichen Geschlechts und hoffe mich auch im Leben stets männlich im besten Sinne des Wortes zu betätigen.« (Bald darauf änderte Rilke den ersten Vornamen von René in Rainer.) Das endet wenige Tage vor seinem Tod mit kurzen Briefen aus dem Sanatorium Val-Mont, nahe bei Montreux, darunter einem an die unvergessene Lou (vom 15. Dezember 1926), in dem er von seiner Qual und seinen Schmerzen berichtet: »Es weht etwas Ungutes in diesem

Jahresschluß, Bedrohliches.« Er sollte das Ende des Jahres 1926 nicht mehr erleben.

Der Briefwechsel zwischen Rilke und der so einfühlsamen wie eigenständigen Freundin, erstmals 1952 und erweitert 1975 als Buch erschienen, zählt zu den spannendsten Zeugnissen der Briefliteratur überhaupt – Lou gegenüber, die er seit 1897 kannte, konnte Rilke sich übrigens ohne Probleme zum »Weiblichen in mir« bekennen (so im Februar 1912 von Schloß Duino aus). Auch andere Briefausgaben geben mittlerweile genauen und farbigen Einblick in die Denk- und Lebensweise dieses so überaus wachen, wahrnehmungs- und dialogfähigen Dichters – die Korrespondenz mit seinem Verleger Anton Kippenberg (1995 publiziert) oder mit dessen Frau Katharina (1954), mit Sidonie Nádherný von Borutin (1973), Karl und Elisabeth von der Heydt (1986), Regina Ullmann und Ellen Delp (1987) oder Rudolf Kassner (1997), um nur einige zu nennen. Hinzu kommen allgemeine Sammlungen wie je eine 1950 und 1991 veröffentlichte zweibändige Briefauswahl sowie der Band »Briefe zur Politik« (1992), der überzeugend demonstriert, daß Rilke als Zeitgenosse alles andere als ein Weltflüchtling war.

Gleichwohl war ihm sein liebstes Briefsujet zeitlebens: Rilke. Besonders in den Tagen jener Schreib- und Lebenskrise, die ihn nach Duino flüchten ließ. »Du siehst, ich hab es immer noch eilig, auf mich zu kommen«, nahm er Ende Dezember 1911, an Lou gerichtet, den ein Jahr zuvor unterbrochenen Brieffaden wieder auf, »ich setze immer noch voraus, daß dieses Thema interessieren kann, magst Du Dich wieder einmal hineinfinden?« Und es folgte eine einläßliche Selbstdarstellung, wobei der Gedanke an eine mögliche Psychoanalyse, nicht zum ersten Mal, eine wichtige Rolle spielte – und die Angst davor, daß diese Therapieform für ihn eine »zu gründliche Hülfe« sein könnte: »Sie hilft ein für alle Mal, sie räumt auf, und mich aufgeräumt zu finden eines Tages, wäre vielleicht noch aussichtsloser als diese Unordnung.«

Die Freundin war durchaus interessiert – am »Thema« Rilke sowohl als an der Diskussion über die Analyse. Sie antwortete schnell. Im Januar 1912 stellte sich auf Schloß Duino die Frage einer Therapie noch einmal dringlicher: Der Dichter legte Lou eine Antwort des Therapeuten Emil von Gebsattel auf eine entsprechende Anfrage bei und bat sie um Stellungnahme. Gebsattel war ein Freund Rilkes und zugleich übrigens der Therapeut von dessen Frau Clara, die von Rilke seit langem getrennt lebte und zu jener Zeit die Scheidung wünschte – zu der es freilich auch später nie gekommen ist.

Lou, die schon damals viel von der Psychoanalyse verstand und bald danach (von 1913 an) selbst als Analytikerin arbeiten sollte, riet in diesem Fall ab: Sie bestärkte Rilke in seinen Vorbehalten. Am »fertigen« Künstler, meinte sie noch Jahre später, sei diese Therapieform nicht anwendbar, ja geradezu eine Gefährdung der Schaffenskraft. Und so konkret Rilke ihr noch am 20. Januar von Plänen schrieb (»Ich würde unter Umständen nach München gehen, dort an der Universität einiges treiben und gleichzeitig die Analyse versuchen«), so deutlich war wenige Tage später der Stimmungsumschwung. »So gut geht es mir selten«, schrieb er am 23. Januar an die Kollegin Annette Kolb, und am Tag darauf erhielt Lou die Nachricht: »Ich weiß jetzt, daß die Analyse für mich nur Sinn hätte, wenn der merkwürdige Hintergedanke, *nicht mehr zu schreiben*, den ich mir während der Beendigung des

›Malte‹ öfters als eine Art Erleichterung vor die Nase hängte, mir wirklich ernst wäre.« Und noch mit gleicher Post ging auch eine Erklärung an Gebsattel ab. Er sei zu dem Ergebnis gekommen, schrieb Rilke dem Arzt, daß er sich den »Ausweg der Analyse« nicht erlauben dürfe – es sei denn, er wolle ein neues (»möglicherweise unproduktives«) Leben beginnen.

Das wollte er nun keineswegs. Denn der Grund für den Meinungswandel in Duino läßt sich benennen: Genau am 21. Januar schickte er die Reinschrift der ersten Elegie an Marie Taxis, die »liebe Fürstin«. Am Tag zuvor war offenbar während eines Spaziergangs am Fuße des Schlosses etwas über ihn gekommen, was wir – vielleicht zu nüchtern – Eingebung nennen würden, was die Fürstin in ihren »Erinnerungen an Rainer Maria Rilke« (1932) sehr viel poetischer ausdrückte: Es sei dem Dichter gewesen, »als ob im Brausen des Sturmes eine Stimme ihm zugerufen hätte«. Und was hörte er? Eben den Anfang der ersten Elegie, den Rilke dann nur noch in sein stets mitgeführtes Notizbuch habe niederschreiben müssen – jenen mittlerweile berühmten fragenden Auftakt der »Duineser Elegien«: »Wer, wenn ich schriee, hörte mich denn aus der Engel Ordnungen?« Das alles mag nach Legende klingen, vieles spricht dennoch dafür, daß der Gast auf Schloß Duino wie ein Besessener das Gedicht in kürzester Zeit notierte und zu Ende brachte – und daß er selbst diesen Durchbruch seiner Kreativität als großes Geschenk empfand. Wenige Tage später bedankte er sich gewissermaßen stellvertretend bei seiner Gönnerin für die Elegie. »Wär sie denn geworden ohne Sie, ohne unsere Gespräche«, fragte er in einem Brief, »ohne Duino, ohne diese meine Retraite hier, zu der ich von Tag zu Tag mehr Mut fasse?«

Vor allem faßte er auch wieder Mut zu sich. Er fühle sich »unendlich stark an das einmal Begonnene« gebunden, »an alles Glück und Elend, das es mit sich bringt«, schrieb er an Gebsattel, »so daß ich, strenggenommen, keinerlei Änderungen wünschen kann, keinen Eingriff von außen, keine Erleichterung, es sei denn die im Überstehen und in der endlichen Leistung einheimische«. An der Psychoanalyse bestand fortan ein eher theoretisches Interesse – auch schon früher hatte er die Schriften Sigmund Freuds, soweit er sie kannte, als »unsympathisch und stellenweise haarsträubend« empfunden (nur »die Sache selbst« habe ihre »echten und starken Seiten«). Im Herbst 1913 lernte er Freud in München während eines Psychoanalytischen Kongresses persönlich kennen – und schätzen. Wer will, kann in der dritten Elegie, im Spätherbst desselben Jahres in Paris entstanden, einige Anklänge an die Psychoanalyse entdecken. Freud selbst hat übrigens dem Dichter später – 1916 in einem Brief an seine Schülerin Lou Andreas-Salomé, die ihm Rilke in München vorgestellt hatte – »zur Wiederkehr in seine Poetenfreiheit« gratulieren lassen.

Rilke war sich schon vor seiner Absage an eine Therapie auf der Couch darüber im klaren, daß das Schreiben für ihn im Grunde eine Form von »Selbstheilung« und »Selbstbehandlung« darstellte. »Wie wäre ich sonst (mit zehn, zwölf Jahren schon) auf die Arbeit gekommen?« fragte er Gebsattel im ersten Duino-Schreiben. Und noch viele Jahre später, wenige Monate vor seinem Tod, sollte sich Rilke in einem Brief – resümierend – ähnlich äußern: »Der Trieb zur Kunst ist ja nichts als eine fortwährende Neigung, die Konflikte auszugleichen, die unser, aus so verschiedenartigen oft widerstrebenden Elementen sich immer neu bildendes Ich gefährden und spannen.«

Keine Frage, daß Rilkes Vorliebe für Reisen und Refugien, für Schlösser und Türme, die schon zu seinen Lebzeiten bespöttelt und belächelt wurde, daß der Kult, den der Dichter mit sich und seinem Werk trieb, jene Aura befördert hat, die bis heute besonders die zehn »Duineser Elegien« umgibt. Das jahrelange Ringen, die Qual der Niederschrift: das macht Eindruck – gerade am Ende des zwanzigsten Jahrhunderts, wo mehr denn je Markt und Messe die Abgabetermine literarischer Texte bestimmen. Rilke konnte übrigens auch anders: Die Leichtigkeit, mit der er in der Jugend Verse schmiedete, eine fast unheimliche lyrische Gelenkigkeit, hat ihn bis zum Ende nicht verlassen. In den Tagen des Abschlusses der Elegien schrieb er nebenbei nicht weniger als fünfzig »Sonette an Orpheus«. Beide Gedichtzyklen erschienen 1923 und gelten seither als Beiträge zur Weltliteratur.

Rilke – das ist eine Glaubensfrage, immer noch. Für die einen ist er der überspannte Ästhet, der als Freund adliger Damen seine Wehwehchen kultivierte und Verse auf der Grenze zwischen Kitsch und Kunst schrieb. Für die anderen ist er einer der großen Schriftsteller des Jahrhunderts: als Lyriker neben, sogar noch über Benn und Brecht zu stellen. »Aber nein! nein! Nicht analysieren! Nicht kritisieren!« schrieb bei Erscheinen der Elegien atemlos der Kritiker der »Frankfurter Zeitung«: »Rilkes Duinesische Elegien sind ein so Organisches, daß nur eines sich ziemt: mit ihnen zu leben.« Nicht kritisieren? Da waren manche ganz anderer Ansicht, zumal einige Schriftsteller. »Die Elegien sind, glaube ich, einfach nicht gut.« So Hugo von Hofmannsthal in einem Brief. Oder es störte an Rilke »sein Ästhetizismus, sein adliges Getu', seine frömmelnde Geziertheit«. Das schrieb 1941 Thomas Mann. Doch der fühlte dann selbst, daß der Kollegenneid mit ihm durchgegangen war, und schickte dem Briefempfänger eine Korrektur gleich hinterher – »denn eine Art von lyrischem Genius war der Mann der Duineser Elegien ja zweifellos«. Jedenfalls kann man ihn nicht mit einem Nebensatz abtun. Rilke hat dic Dichtkunst in einsamer Größe und großer Einsamkeit betrieben. Manchem ist das heute wieder wichtig. »Daß die hymnische Schönheit, wenn sie nur tief genug, auf dem krausesten Grund entsteht, zu jeder Zeit das höchste Ziel der Dichtung sei, die das Gerümpel sichtende Schönheit«, notierte 1981 (in seinem Buch »Paare, Passanten«) Botho Strauß, »davon möchte man sich immer aufs neue überzeugen, wenn man den Angstträumen des Alltags entfliehen will, in den geschredderten Formen der Gegenwartslyrik keinen Halt findet, wohl aber in den Rilkeschen Elegien.«

»Kindlers Neues Literaturlexikon« zählt den Elegien-Zyklus noch heute fast warnend zu den »am schwersten zugänglichen Werken der neueren deutschen Lyrik«. Dabei erscheinen manche der Verse ganz faßlich und verständlich, wie etwa die Beobachtung, »daß wir nicht sehr verläßlich zu Haus sind / in der gedeuteten Welt«. Die Bilder sind kräftig und anschaulich: »O und die Nacht, die Nacht, wenn der Wind voller Weltraum uns am Angesicht zehrt –« Von einfachen Dingen ist die Rede, von der Kindheit, von Liebenden, von Sterbenden, von Engeln auch, vom Glück, vom Tod. »Denn Bleiben ist nirgends«, heißt es in der ersten, »Hiersein ist herrlich«, triumphierend in der siebten Elegie – und in der achten: »so leben wir und nehmen immer Abschied.« Doch jenseits dieser eingängigen Passagen beginnt das Geheimnis der Verse. Diese Zitate sind nur Halteseile in einem dunklen und unwegsamen Gelände: Sie verlocken zum Aufstieg, zum Besuch einer einzigartigen Verswelt, »der vielleicht größten und reinsten Arbeit meines Herzens«, wie Rilke selbst rückblickend gesagt hat. Ob man ihr erliegt oder nicht – eine betörende Melodie wird man zu hören bekommen.

Auf der anderen Seite des Schlosses, Richtung Venedig, liegt ein Park mit Teich und Goldfischen. Er führt über brüchige Stufen bis hinab ans Meer. Hoch oben das Schloß mit dreißig Fenstern, hier unten die geschützte Bucht mit Umkleidekabine, dem Fundament eines Sprungbretts. Rilke mochte den Platz. Er berichtete der Freundin Lou von der »Idee, unten am Meer zweimal täglich Luft-Bäder zu nehmen, nach denen ich ein sehr deutliches Verlangen fühle und, ausgekleidet, hab ich auch eine Art Zuversicht ins Freie«. Jetzt scheint die Sonne warm auf die Felsen. Eine alte Burgruine steht auf einem vorgelagerten Steilufer, dort soll schon Dante gesessen haben: Rilke war nicht der erste Dichtergast an dieser Stätte.

Was macht es so verlockend, den Spuren der Literatur nachzugehen, in Briefen zu lesen, Entwürfe und Vorfassungen zu studieren, am Ort der Inspiration zu sitzen? Ist es der Versuch, die große Leistung wieder auf ein menschliches Maß zu reduzieren, sie sich handlich zu machen, indem man die mühsamen Wege und Irrwege zum Ziel nachgeht? Und warum lassen wir es zu, daß ein kleiner Teil der Literatur auf den Olymp gehoben wird, auf daß ein großer dem Vergessen anheimfalle? Das alles hat wohl diesen Grund: im Chaos der Erscheinungen Halt zu finden. Indem wir unseren Gegenstand erhöhen, haben wir einen Grund, über ihn zu sprechen. So viele Schlösser gibt es, so viele Küsten, so viele Jahrhunderte, so viele Dichter, so viele Bücher.

Das Wasser plätschert still in der kleinen Bucht unterhalb von Schloß Duino, blau der Himmel und endlos weit der Horizont. Hier hat Rilke gesessen, achtzig Jahr ist es her. Hier hat er seine Spur hinterlassen. »Und wir: Zuschauer, immer, überall, / dem allen zugewandt und nie hinaus! / Uns überfüllts. Wir ordnens. Es zerfällt. / Wir ordnens wieder und zerfallen selbst.«

Bloomsday in Dublin

James Joyce: »Ulysses«

Juni 1982, leichter Nieselregen – die Menschen ziehen sich die Mäntel über, die sie für alle Fälle dabeihaben. In der Grafton Street wird eingekauft: ein enges Sträßlein im Zentrum von Dublin, durch das sich mühsam Fußgänger und Autos kämpfen. Um die Mittagszeit herrscht hier Hektik.

Grafton Street, Ecke Nassau Street: Leopold Bloom heißt der Mann, der genau am 16. Juni 1904, kurz nach 13 Uhr, an dieser Stelle gestanden haben soll. Der Laden »Yeates and Son«, in dessen Auslagen er die Preise der Feldstecher studiert, existiert längst nicht mehr: Ein Investmentbüro ermuntert dort heute zu ökonomischem Weitblick. Dagegen gibt es dieses Geschäft noch: »Er ging, trödelnd, an den Fenstern von Brown Thomas, Seidenhändler, vorüber.« Die Erben des Seidenhändlers waren erfolgreich. Aus »Brown Thomas« ist ein Textilkaufhaus geworden. Ein paar Schritte weiter in der Duke Street: Wo damals das Restaurant »Burton« war, werden heute Jeans verkauft. Kein Wunder: Schon Mr. Bloom lief aus dem »Burton« wieder raus, weil ihm der Gestank nach Gemüsebrühe nicht behagte, und ging nebenan in der Kneipe »Davy Byrne's« ein Sandwich essen. Das kann man dort auch Jahrzehnte später noch; ein Hinweis auf den berühmten Gast fehlt.

Leopold Bloom, Jahrgang 1866, 1,75 Meter groß, Anzeigenvertreter für »Freeman's Journal«, hat nie gelebt: Er ist eine Romanfigur. Aber sein Weg durch einen Dubliner Frühsommertag kurz nach der Jahrhundertwende ist bis ins Detail überprüfbar. In seinem Roman »Ulysses« hat James Joyce, der am 2. Februar 1882 in einem Vorort Dublins geboren wurde, Hunderte von Straßen, Geschäften, Büros, Parks, Trambahnlinien, öffentlichen Gebäuden und Brücken beim Namen genannt. Und er hat die Wege einiger Figuren an diesem Tag minuziös in seinem Kopf entworfen.

Als Joyce am »Ulysses« arbeitete, lebte er längst nicht mehr in Dublin. Er hatte die Stadt 1904 zusammen mit seiner späteren Frau Nora verlassen (mit der er erst ein paar Monate zuvor, und zwar genau am 16. Juni, zum ersten Rendezvous verabredet gewesen war), und er kam dann nur noch zu Besuchen zurück: 1912 zum letzten Mal. Er schrieb – sieben Jahre lang: von 1914 bis 1921 – unter erbärmlichsten Bedingungen in Triest und Zürich, schließlich, finanziell bessergestellt, in Paris, wo sein Hauptwerk am 2. Februar 1922 erschien: an seinem vierzigsten Geburtstag.

Der Vertreter als Trojakämpfer

Joyce hat Dublin und seine Menschen verabscheut, und doch ist er von der Stadt nicht losgekommen. Aus der Ferne hat er sie neu entworfen, Stück für Stück imaginiert und zusammengesetzt. Fiktive Figuren (und auch ein paar Zeitgenossen unter ihrem richtigen Namen) laufen in seinem Roman durch eine Kulisse von nahezu gespenstischer Authentizität. Schon mancher Leser ist vom »Ulysses« verführt worden, den Wegen Blooms und der anderen zu folgen: Der Roman ist so – nebenbei – ein Stadtführer höchst anregender Art geworden.

Die Wege lassen sich zumeist recht gut zu Fuß erlaufen. Man kommt in Gegenden, in die normalerweise kein Touristenführer weisen würde. Bilder des Verfalls: Häuser, die leerstehen, notdürftig verrammelt, Häuser, die zusammengestürzt sind, Trümmerlandschaften. Dazwischen plötzlich, scheinbar ohne Zusammenhang mit der Nachbarschaft, ein modernes Ladenzentrum. Dublin hat wunderschöne Parks, doch keine repräsentativen Ansichten. Der einzige Boulevard, die O'Connell Street, ist zu einer Ansammlung von »Hamburger«-Restaurants und Spielautomaten-Salons verkommen. Sehenswert ist dort nur noch das Hauptpostamt, das schon Joyce begeisterte. Die zweistöckigen Straßenbahnen, die früher davor hielten, sind durch Doppeldeckerbusse ersetzt, von denen es jede Menge gibt.

Dublin ist dennoch keine abstoßende Stadt. Jetzt, im Juni, laufen die Bewohner noch spätabends durch die Straßen: Das Klima ist angenehm, die Stimmung fast ein wenig südländisch, nur daß man nicht draußen sitzen und den Menschen zuschauen kann. Es gibt keine Cafés, nicht einmal Bistros, die ein paar Stühle auf den Bürgersteig rücken würden. Das Leben ist teuer in Dublin, und man sieht, daß viele nicht mithalten können. Gelegentlich sitzen Kinder auf der Straße, die Hüte, die vor ihnen auf dem Pflaster liegen, sind fast immer leer.

Dublin und Joyce: das war Haßliebe auf Gegenseitigkeit.

Lange Zeit, noch nach dem Zweiten Weltkrieg, konnte man den weltberühmten Roman hier in dieser Stadt, in und von der er handelt, in keiner Buchhandlung kaufen. »Ulysses« galt als anstößig – und war auch in Amerika bis 1933, in Großbritannien bis 1936 verboten.

Der 16. Juni, der Tag, an dem der Roman spielt, wird nun allerdings schon lange als »Bloomsday« gefeiert. Daran hat Joyce, der am 13. Januar 1941 in Zürich gestorben ist, indirekt noch ein wenig gedreht. Wenn ihn an diesem Tag Glückwünsche von Freunden und Bewunderern erreichten, schrieb er gerührt unter diesem Datum zurück und setzte daneben: »Bloomsday«. Die Weltgeltung, die sein Roman heute besitzt, wurde noch zu Lebzeiten des Meisters gegen viele Hohnrufe und Verrisse erstritten. Wo seine Jünger die Fülle von Anspielungen, von Vor- und Rückverweisen, den Reichtum an Parodien, Stilen und Anklängen nicht selbst erkannten, half Joyce gelegentlich mit einem Strukturplan oder einem Werkstattgeheimnis aus (»nur für Ihren persönlichen Gebrauch«).

Schon in den dreißiger Jahren erschienen die ersten Bücher über den Roman. Inzwischen ist die Menge der theoretischen Schriften nicht mehr zu überblicken. Kaum ein anderes Werk dieses Jahrhunderts hat die Forscher immer wieder so beharrlich zu Deutung und Analyse verlockt. Kein Wunder: Welcher andere Roman könnte es an Komplexität mit dem »Ulysses« aufnehmen? Und es wäre Unbefangenheit am falschen Platze, wollte man sich – zum Lesen des Wälzers kühn entschlossen – der Hilfe dieser Einweisungen begeben.

Daß der Weg des Leopold Bloom durch Dublin untergründig mit der berühmtesten Irrfahrt der Weltliteratur korrespondiert, hat Joyce selbst mit dem Titel signalisiert:

Sein Ulysses ist kein anderer als jener Odysseus, den Homer vor 2500 Jahren in seiner »Odyssee« durch die Welt treiben und erst nach zehn Jahren zu Hause bei seiner Frau Penelope anklopfen ließ. Joyce hatte die achtzehn Kapitel des Romans zunächst mit Namen versehen, die die einzelnen Episoden jenes 16. Juni 1904 den Abenteuern des Trojakämpfers zuordnen sollten. So hieß das letzte Kapitel, in dem Blooms Frau ihren Gedanken freien Lauf läßt, ursprünglich »Penelope«. Doch vor der Drucklegung des Buches strich Joyce diese allzu deutlichen Hinweise wieder – um sie freilich später seinen Freunden mitzuteilen, die sie flugs in Umlauf setzten, so daß die entsprechenden Abschnitte des Romans heute von Interpreten wie selbstverständlich mit diesen Namen angesprochen werden.

Auf Schritt und Tritt gefolgt

Der Roman beginnt – das ist nur eine Schwierigkeit – gleich zweimal: an verschiedenen Plätzen von Dublin, jeweils am Morgen des 16. Juni gegen acht Uhr. Im Vorspiel hält der Dichter Stephan Dedalus (eine Figur aus einem vorhergehenden Werk von Joyce, ein Alter ego des Autors) lästerliche Reden auf alles Heilige. Er wohnt in einem jener Martello-Türme, die 1804 aus Furcht vor Napoleon überall an den englischen und irischen Küsten erbaut wurden. Joyce selbst fand hier am 9. September 1904 für ein paar Tage Unterschlupf, bevor er Irland verließ. Heute ist dieser Turm ein Joyce-Museum, nicht gerade üppig ausgestattet, aber doch den Besuch lohnend.

Bloom, der Anzeigenvertreter, die Hauptfigur des Romans, tritt erst im vierten Kapitel auf den Plan: Er bereitet zur selben Stunde seiner Frau Molly das Frühstück, im Norden Dublins, in der Eccles Street Nummer 7. Auch diese Adresse gibt es. Joyce war selbst einmal dort: Er besuchte während eines Heimataufenthalts einen Freund, nachdem er gerade von einer angeblichen Untreue Noras erfahren hatte (die Beschuldigung erwies sich bald als falsch). Viel später, im November 1921 – als der »Ulysses« fast abgeschlossen war –, schrieb er einer Tante nach Dublin, sie möge ihm doch bitte Einzelheiten über die Treppen dieses Hauses mitteilen. Mit den Details nahm er es genau.

Schon lange vorher hatte Joyce einen Briefpartner wissen lassen, er plane, in seinem Roman ein dermaßen vollständiges Bild Dublins zu geben, daß die Stadt, sollte sie einmal vom Erdboden verschwinden, nach dem Buch rekonstruiert werden könnte. Da hat er übertrieben. Zwar nennt er viele Namen, doch beschreibt er wenig. Nicht einmal von dem Haus in der Eccles Street gibt er dem Leser ein genaues Bild. Doch auch die Reise nach Dublin hilft in diesem Fall wenig. Geblieben ist nur ein Fragment: eine Wand bis zur Höhe der Tür. Fenster und Türrahmen sind zugemauert. Die Dubliner, die ansonsten so viel Wert auf ihre Eingangstüren legen, haben die bekannteste Adresse der Stadt schmählich verkommen lassen. Mit Kreide ist »N° 7« und »Joyce« auf die Steine geschrieben. Stünde nicht das Nachbarhaus noch, hätte man keine Vorstellung von der Eintönigkeit dieser Häuserzeile, in der, nach dem Willen des Autors, das Ehepaar Bloom gelebt haben soll. Doch auch dieses Haus wird wohl nicht mehr lange stehen: bewohnt ist der ganze Häuserblock nicht mehr.

Joyce wollte nicht beschreiben. Das gehört zum Prinzip seiner Erzählweise, und es erschwert den Zugang zum

Roman. Daß es am Beginn eines Buches Undeutlichkeiten gibt, daß Figuren noch unbekannt sind, ist ja dem Leser nichts Ungewohntes – er kann sich im allgemeinen darauf verlassen, daß solche Unklarheiten bald beseitigt werden. Nicht so bei Joyce. Er führt den Leser nicht. Paradox gesagt: Eigentlich müßte man den Roman schon gelesen haben, um ihn lesen zu können. So wird der Leser mit dem Lebenslauf Blooms erst im vorletzten Kapitel überfallartig vertraut gemacht, nachdem man der Figur schon achtzehn Stunden auf Schritt und Tritt gefolgt ist. Und der Tag, an dem sich alles abspielt, wird nur einmal vollständig erwähnt: nach mehr als dreihundert Seiten. Eine Sekretärin spannt einen Brief ein und schreibt das Datum: »16. Juni 1904«. Das alles ist von vertracktem Raffinement und nichts für flüchtige Augen.

Lange Passagen erzählt Joyce aus der Perspektive seiner Figuren, und er hütet sich, dem Leser etwas darüber hinaus zu erklären: Und warum sollte Bloom sich ausgerechnet Gedanken über die Fassade seines Hauses machen – die er doch Tag für Tag sieht? So ist das Dublin des »Ulysses« in vielen Details präsent, aber nicht eigentlich in seiner Physiognomie erfaßbar.

Der Alltag: ein Abenteuer

Der »Ulysses« selbst ist ein überaus komplexes Bauwerk, bei dem es kaum lohnt, es nur einmal zu durchlaufen. Natürlich ist ein erster orientierender Gang nötig, um sich den groben Bauplan einzuprägen, dann aber müßte man sich in Ecken und Winkel hineinknien, zurücktreten, hin und her laufen, sich von oben nach unten und von hinten nach vorn tasten. Nicht jedermanns Sache wahrscheinlich – und was hat es für einen Zweck, eine Sightseeing-Tour anzuempfehlen, wo nur eine Forschungsreise Nutzen verspricht. Selbst die Chronologie der achtzehn Stunden eines Junitages im Jahre 1904, die nur eine Ebene des Romans ausmacht, an die sich gleichwohl viele Leserhoffnungen klammern, ist ja keineswegs ohne Mühe ablesbar. Der Tagesablauf Blooms, der in der Nähe seiner Wohnung einkauft, ins Bad geht, an einer Beerdigung teilnimmt, im Zeitungsverlag erscheint, Kneipen besucht, abends am Strand einem Feuerwerk und einem aufreizenden Mädchen zuschaut, im Krankenhaus anläßlich einer Geburt vorbeischaut, zusammen mit Stephan Dedalus ein Bordell besucht und danach durch die nächtlichen Straßen Dublins nach Hause marschiert, dieses Leben eines Menschen an einem beliebigen Tag ist von Joyce atomisiert worden und nur noch in Bruchstücken auffindbar. Etwas für Detektive.

Trotzdem geht von diesem banalen Tageslauf immer wieder eine magische Anziehungskraft aus. Der Bloomsday ist der Clou dieses Romans: ein Schlüssel zum Einstieg. Daß die Beschreibung eines Tages überhaupt die Struktur eines Romans bestimmen kann, bleibt bemerkenswert. Der 16. Juni 1904 ist – von den Bezügen zum Leben des Autors abgesehen – ein ganz gewöhnlicher Tag. Der Reichtum des Daseins entfaltet sich nicht mehr, wie bei traditioneller Literatur üblich, in umfangreichen Lebensläufen oder gar Generationsgeschichten, sondern im Augenblick. Jede Sekunde kann die Tiefe der Existenz enthalten und entfalten: dann nämlich, wenn hinter den kleinen Schritten, den banalen Alltagshandlungen die Triebfeder spürbar wird, der Mechanismus der Motive, Lüste, Assoziationen, Erinnerungen, Erwartungen. Das Protokoll eines einzigen Tages, der Tageslauf eines Durchschnittsbürgers ergibt einen Roman – so prall wie jede Familiensaga und nicht weniger dramatisch als eine Abenteuergeschichte: wie die des Odysseus.

Wenn Leopold Bloom spätnachts in die Eccles Street zurückkehrt, hat sich in seinem Kopf mehr abgespielt, als die ausführliche Biographie eines Lebens ergeben könnte – und wäre dieses Leben noch so bedeutend. Das ist die Entdeckung des »Ulysses«, und sie ist immer noch überraschend.

Postskriptum I (aus Notizen, Juni 1982)

Eben noch den kleinen Briefwechsel zwischen Joyce und seiner Frau Nora gelesen. Es sind nur wenig Briefe: Die zwei waren ja fast immer zusammen. Einmal, bei einer Trennung, haben sie es mit dem Telefon versucht. Es scheint nicht besonders gut geklappt zu haben. Nora schreibt 1917 aus der »Pension Daheim« in Locarno: »Es tut mir leid daß Du so viel Ärger mit dem Telefon gehabt hast, telefoniere nicht mehr es ist das Geld nicht wert oder den Ärger.« Nora schreibt fast immer ohne Punkt und Komma. Es ist rührend, wenn man an das letzte »Ulysses«-Kapitel (Mollys Monolog) denkt und das mit den Briefen vergleicht. Dachte etwa Joyce, der außer Nora keine Frau näher kannte (von flüchtigen Begegnungen, zumeist mit Prostituierten, abgesehen), dies sei die Form, in der Frauen denken und assoziieren? Noch ein kleines Zitat von Nora, ebenfalls aus Locarno, wo sie – wohl zum ersten Mal in ihrem Leben – Urlaub machte: »Ich nehme an jetzt wo Du allein bist solltest Du schreiben können da ich nicht bei Dir bin und Dich immer belästige«, in einem anderen Brief: »Ich hoffe Du schreibst an Ulisses bleib nachts nicht zu lange auf.« Im Kommentar zum Briefwechsel heißt es trocken: »Joyce hatte das erste Exemplar des ›Ulysses‹ von 1922, dessen Auflage auf 1000 beschränkt war, Nora gewidmet. Die Ausgabe enthielt übermäßig viele Druckfehler. Nora hat das Buch nie gelesen. Joyce hoffte, sie würde jetzt zugänglicher sein. Sie war es nicht.«

Ich hatte mir das anheimelnd vorgestellt: im »Blooms Hotel« in Dublin über Joyce zu lesen. Was erhoffte ich? Daß ich ein Fenster mit Blick über die Stadt haben würde? Eine Ecke mit Kaminfeuer? Die Wirklichkeit ist ernüchternd. Obgleich hier alles nach Figuren von Joyce heißt (die Bar trägt sinnigerweise den Namen jenes Mannes, mit dem Molly ihren Ehemann Bloom betrügt), ist das doch ein Hotel wie andere auch, nicht unbequem, doch ohne Behaglichkeit. Gestern habe ich bei leidlichem Wetter im Park »St. Stephen's Green« gesessen und gelesen, das war mal eine Lieblingsstätte des jungen Joyce. Aber doch ganz anders als der Garten von Proust in Illiers: schon weil es hier von Geschäftigkeit wimmelt, besonders in der Mittagspause.

Einige Gerichte aus der Speisekarte des »Blazes Boylan Coffee Shop«: »Blooms home-made paté« (Nr. 1), »Buck Mullingan's Irish stew« (Nr. 13), »Bloomsburger« (Nr. 18), »Leopold Burger (Nr. 19), »Ulysses Burger« (Nr. 20).

Inzwischen sitze ich, auf dem Rückweg von der Eccles Street, im »ilac centre« bei einer Tasse Kaffee und Baiserapfeltorte. Das ist ja oft beschrieben: wie die westliche Warenwelt zu einem immergleichen Marktplatz wird.

»Video market« heißt ein Geschäft in der Passage – das könnte bei uns genauso heißen. In der Umgebung hier viel Verfall; man glaubt gar nicht, daß eine von Luftangriffen verschonte Stadt so aussehen kann. Eingestürzte Mauern, leerstehende Häuser, wohin man blickt. Dazwischen dann immer wieder Geschäfte, gut gefüllt mit den gewohnten Markenzeichen, bekannten Warengesichtern.

Eine Form des Vertrauten im Fremden: wenn man den Straßen nachgeht, deren Namen aus einem Stück Literatur vertraut sind. Viele Autos, viele Kinder. »Slow« steht in großen Lettern am Anfang einer bewohnten Straße. Doch die Autos fegen durch wie bei uns. Vor einem Haus in zwei mannshohen Glasschaukästen: Jesus und Maria, die Arme breit ausstreckend. Viele alte Leute: Sie verkaufen in kleinen Läden wie in alten Zeiten. Anders sieht es natürlich im Geschäftszentrum aus: in der Grafton Street; da ist manches weg, weil man es durch Neues, vermeintlich Besseres ersetzt hat. Das eine verfallen, das andere ausgetauscht: weg ist weg. Immerhin: die erfolgreichen Geschäfte haben sich gehalten, mehr als achtzig Jahre, sie sind noch vorhanden, manchmal sogar größer geworden.

Postskriptum II (Nachtrag 1997)

Das »Blooms Hotel« in der Anglesea Street existiert noch, doch längst unter neuer Leitung – und mit neuer Speisekarte. Keines der Gerichte trägt mehr die originellen Namen frei nach Joyce. Ein paar Fotos des Dichters hängen immerhin noch in den Hotelräumen.

Überhaupt hat sich viel verändert seitdem. Dublin ist gegen Ende des Jahrhunderts eine aufstrebende Stadt geworden. Irland gilt nicht länger als Armenhaus Europas, nicht einmal unter den EU-Staaten. Computerkonzerne lassen in den Vororten von Dublin ihre Chips zusammenbauen. Und auch Joyce gegenüber gibt man sich insgesamt aufgeschlossen: Er ist ein wichtiger Faktor im Kampf um Touristen. Ressentiments gegen den bekanntesten Sohn der Stadt scheinen sich mittlerweile überlebt zu haben – nun, wo sich schon bald der 16. Juni 1904 zum hundertsten Mal jähren wird.

Der Bloomsday, seit Anfang der sechziger Jahre zelebriert, ist mittlerweile eingebettet in ein »Bloomstime«-Programm, das in diesem Jahr schon am 7. Juni begann. Der heilige Tag selbst nahm mit dem »Guinness Bloomsday Breakfast« seinen Auftakt, an das Frühstück schlossen sich Lesungen und zwei Spaziergänge durch die Stadt an, am Abend war ein »Bloomsday Concert« zu hören. Das alles liegt in den Händen der Mitarbeiter vom »James Joyce Centre« im Norden Dublins, in der North Great George's Street, wo auch im übrigen Jahr Stadterkundungen auf den Spuren des »Ulysses« angeboten werden.

»Irland war verhältnismäßig langsam bei der Entdeckung der Bedeutung von Joyce«, gibt man im Zentrum gern zu – zumal nun alles ganz anders werden soll. Stolz wird auf familiäre Beziehungen der heutigen Leitung zum Dichter hingewiesen: Zwei der Direktoren sind mit Joyce mehr oder weniger direkt verwandt. Und endlich hat – in einem eigenen Raum des 1982 gegründeten Zentrums – auch die schon 1967 demontierte Holztür mit der Hausnummer 7 aus der Eccles Street ihren würdigen Platz gefunden.

In der legendären Straße selbst hingegen ist nichts mehr vom Bloomschen Haus zu sehen – auch die letzten Steine sind Mitte der achtziger Jahre abgeräumt worden. Heute steht ein privates Krankenhaus an der Stelle. Zwar weist eine Tafel an der Hauswand auf die wohl berühmteste Adresse der Weltliteratur hin, und die Häuserzeile auf der anderen Straßenseite gibt weiterhin einen gewissen Eindruck von jenen Gebäuden, deren eines nach dem Willen von James Joyce zum Refugium für seinen Helden werden sollte – und für dessen Ehefrau, deren intimste Gedanken wir Leser aus dem berühmten Schlußmonolog zu kennen glauben. Dennoch: ein unersetzlicher Verlust. Nicht nur Bücher, auch deren Schauplätze haben ihr Schicksal.

Dichter der Großstadt

Alfred Döblin:
»Berlin Alexanderplatz«

Das sei doch einfach nur eine Bahnstation, sagte der Verleger Samuel Fischer, als er vom Plan Alfred Döblins hörte, seinen neuen Roman »Berlin Alexanderplatz« zu nennen. Nur eine Bahnstation? Schon als kleiner Junge war Döblin über den Platz gelaufen. Zusammen mit einem seiner Brüder hatte er die Mutter zum Einkauf in die Markthalle begleitet und ihr die Tasche getragen – das war gegen Ende des neunzehnten Jahrhunderts gewesen, »wo es hier sehr ruhig herging und sich in seiner Mitte ein kleiner Hügel erhob, den ein freundlicher grüner Rasen bedeckte«. Eine Idylle aus Kindheitstagen, an die sich Döblin später gern erinnerte: »Da gab es auch ein Gebüsch, in dem Bänke standen, auf denen man friedlich beieinander saß, friedlich im Grünen, mitten in Berlin auf dem Alexanderplatz.«

In einem Café auf dem »Alex« begann er 1928, als er schon an seinem Berlin-Roman saß, mit einem »Ersten Rückblick«, einer Zwischenbilanz aus Anlaß des bevorstehenden fünfzigsten Geburtstags. »In dieser Gegend, hier im Osten Berlins, sitze ich nun schon, seit ich nach Berlin kam, seit vierzig Jahren«, notierte er. »Hier bin ich zur Schule gegangen, es kamen kleine Lücken, Studienzeit, Assistentenzeit, Krieg, aber immer wieder ging es zurück zwischen Alexanderplatz und Jannowitzbrücke.« 1928 war Döblin alles andere als populär. Er galt als schwieriger und in jeder Hinsicht schwer zu kalkulierender Schriftsteller – und das eigentlich seit seinen literarischen Anfängen (1912 war »Die Ermordung einer Butterblume« erschienen, eine Novellensammlung, deren früheste Texte aus dem Jahr 1903 stammten).

Von Buch zu Buch hatte er seine Leser stets aufs Neue verwirrt. Er mochte sich weder thematisch noch stilistisch festlegen. Vom Schauplatz China war er in das Europa des Dreißigjährigen Krieges gesprungen, von der Vergangenheit in eine nebulöse Menschheitszukunft, und schließlich hatte er sich vom Roman ganz entfernt, um in freier Versform mit einem epischen Poem sein Glück zu versuchen. Diese Bücher – »Die drei Sprünge des Wang-lun« (1915), »Wallenstein« (1920), »Berge Meere und Giganten« (1924) und »Manas« (1927) – wirkten auf die Zeitgenossen mehr kurios als furios. Von Anfangserfolgen abgesehen (der »Wang-lun«-Roman erlebte mehrere Auflagen), wurden die Titel in wachsendem Maße unverkäuflich. Hinzu kam, daß sich der Verleger über die anhaltende Neigung Döblins ärgerte, andere Autoren des Hauses, allen voran Thomas Mann, öffentlich herabzusetzen.

So war Samuel Fischer im Frühjahr 1928 – vor einer Lesung Döblins aus seinem neuen Manuskript – drauf und dran, den seit Mai 1926 laufenden Vertrag über monatliche Zuwendungen von immerhin 1000 Reichsmark aufzukündigen. Der Schriftsteller, der im Osten Berlins als niedergelassener Arzt praktizierte, gab zwar gern vor, an Finanziellem nicht besonders interessiert zu sein (»Ich lebe weder jetzt von meiner ›produktiven‹ literarischen Arbeit, noch habe ich früher davon gelebt«, hatte er 1921 in einer

Skizze »Geist und Geld« geschrieben), doch konnte ihm nicht ganz gleichgültig sein, daß sein Schuldenkonto beim Verlag stetig anwuchs.

Die Lesung fand in Berlin, im Haus des Verlegers statt. Sie wurde ein großer Erfolg. Fischer war geradezu entzückt. Es kam zu einer Versöhnung zwischen ihm und Döblin. Nur in einem Punkt blieb der Verleger stur. Der geplante Titel gefiel ihm immer noch nicht. Und so rang er seinem Autor wenigstens den zusätzlichen Untertitel ab: »Die Geschichte vom Franz Biberkopf«. Im Sommer 1929 wurde auch die Honorarfrage großzügig geregelt (bis Juni beliefen sich Döblins Schulden auf 19000 Reichsmark): 6000 RM Vorschuß sofort – und zunächst keinerlei Verrechnung der roten Zahlen mit den zu erwartenden Einkünften aus dem neuen Roman.

Es stand von vornherein ein glücklicher Stern über dem Buch, das im Oktober 1929 erschien und schnell mehrere Auflagen erlebte. Döblin konnte später nur immer wieder feststellen: »Und wenn man meinen Namen nannte, so fügte man ›Berlin Alexanderplatz‹ hinzu.« Zwar versuchte er sich stets gegen diese Gleichsetzung und Festlegung zu wehren (»mein Weg war noch lange nicht beendet«), doch es half alles nichts: Der Roman war der erste glänzende Erfolg des Schriftstellers – und er sollte der einzige bleiben. Bis heute überstrahlt sein Ruhm den der anderen Arbeiten Döblins bei weitem. Der Berliner Schriftsteller Friedrich Christian Delius notierte Anfang 1993 in einem Zeitungsbeitrag: »Und über sechzig Jahre später zweifelt niemand mehr, daß unter allen literarischen Werken der zwanziger Jahre allein dieser Roman dem Kosmos Berlin gewachsen war, ja: daß Berlin nirgends so gebündelt ist wie hier.«

Berlin 1927/1928: »Am Alexanderplatz reißen sie den Damm auf für die Untergrundbahn. Man geht auf Brettern. Die Elektrischen fahren über den Platz...« So lapidar kommt im Roman das titelgebende Berliner Areal ins Spiel. Dazu eine Aufzählung der kleinen Ladengeschäfte vor Ort: »Destillen, Restaurationen, Obst- und Gemüsehandel, Kolonialwaren und Feinkost, Fuhrgeschäft, Dekorationsmalerei, Anfertigung von Damenkonfektion, Mehl und Mühlenfabrikate, Autogarage, Feuersozietät.« Eigentlich ist der Alex bei Döblin nur ein Schauplatz unter vielen und doch ständig präsent: eine Art Nervenzentrum. Alle Wege führen dorthin, dran vorbei, von dort weg. Auf dem Platz begegnet man einander, hält ein Schwätzchen, geht weiter. Dort verkauft die Hauptfigur Franz Biberkopf eine Weile Zeitungen. Dort wird wie wild gearbeitet und die Erde umgegraben: Ein riesiger Umsteigebahnhof auf verschiedenen Ebenen ist im Entstehen. Baulärm überall, Großstadtgetöse. »Rumm rumm wuchtet vor Aschinger auf dem Alex die Dampframme. Sie ist ein Stock hoch, und die Schienen haut sie wie nichts in den Boden«, heißt es lautmalerisch im Roman. »Ruller ruller fahren die Elektrischen, Gelbe mit Anhängern, über den holzbelegten Alexanderplatz, Abspringen ist gefährlich.«

Heute, siebzig Jahre danach, ist der Platz wenig faszinierend. Umgegraben wird derzeit nichts am Alex, nur hier und da ein wenig umgemodelt und renoviert. Am oberirdischen Bahnhofsbau immerhin prangt eine große Schautafel: »Grunderneuerung Bhf. Alexanderplatz«. Und dem ehrwürdigen Alexanderhaus, einem Relikt großzügiger Architekturvorstellungen aus den Tagen von Döblins Roman, wurde eine neumodische Ladenpassage ins Tiefgeschoß eingepaßt, mit direktem Zugang zur grün gekachelten U-Bahnwelt: »Shopping im Alexanderhaus«.

Der Alexanderplatz, wie er sich am Ende des zwanzigsten Jahrhunderts präsentiert, ist in seinen Ausmaßen weitaus größer als zu Biberkopfs Zeiten: eine Ausgeburt der SED-Ästhetik. Man wollte – in den sechziger Jahren – einen großen Raum im Zentrum der »Hauptstadt der DDR« schaffen, und so wurde bedenkenlos abgeräumt. »Da die Stadt, ihre öffentlichen Anlagen und staatlichen Einrichtungen allen gehörte, mußte auch für alle Platz gemacht werden«, schrieb 1993 sarkastisch Tilmann Buddensieg in einer architekturkritischen Bilanz. »Die gesamte Ostberliner Bevölkerung hätte man hier versammeln können, und sie versammelte sich dort nur ein einziges Mal: Zur Feier des Falls der Mauer und des Endes der DDR.« Das war am 4. November 1989. Da half kein »Brunnen der Völkerfreundschaft«, da halfen keine Erinnerungen an die Weltjugendfestspiele, die 1973 hauptsächlich hier stattfanden – als die Schriftstellerin Christa Wolf vor immerhin rund einer Million Zuhörern auf dem Platz sprach (»Stell dir vor, es ist Sozialismus, und keiner geht weg!«), klatschten die Zuhörer zwar freundlich, aber tatsächlich verspürten sie, wie sich bald danach erwies, wenig Lust auf neue sozialistische Experimente.

Noch immer zeigt auf dem Platz die kleine Weltzeituhr im Sputnik-Look den Minutentakt rund um den Globus an (nicht nur für Moskau, Murmansk und – wie es weiterhin heißt – Leningrad). Rund um den Alex hat inzwischen die große weite Welt selbst Einzug gehalten: Da gibt es ein »Wiener Caffeehaus« neben einer Filiale von »Burger King«, eine chinesische Imbißbude, einen

Stand mit Döner Kebab und den »Biergarten am Alex«. Aus dem DDR-Kaufhaus »Centrum« ist ein »Kaufhof« geworden, dem Hotelhochhaus sitzt ganz offiziell eine Spielbank-Etage obenauf (zu DDR-Zeiten hatten dort nur Devisenbringer verstohlen Zutritt). In der Ferne werden die grauen Plattenbauten gekrönt von riesigen Lettern, mit denen sich die neue Konsumwelt präsentiert: Mazda und Sanyo, Philishave, Blaupunkt und die Frankfurter Hypothekenbank. Zu diesem Alexanderplatz blieb dem mit Berlin vertrauten Schriftsteller Botho Strauß – in seinem Buch »Die Fehler des Kopisten« (1997) – nur noch zu sagen: »Ein einziger Aufschrei gequälter Sinne.« Döblin jedenfalls würde den Platz kaum wiedererkennen.

Ein Heimspiel und sichere Fahrt

Er kam aus Stettin hierher. Dort war Alfred Döblin am 10. August 1878 geboren worden (er war knapp drei Jahre jünger als sein späterer Kollege und Konkurrent Thomas Mann). »Ich will nicht vergessen: ich stamme von jüdischen Eltern«, notierte er 1928 in einer Kurzvita für die Preußische Akademie der Künste. Sein Vater war Schneider und hatte mehrere Angestellte – bis er 1888 die Familie und Deutschland wegen einer anderen Frau verließ. Die Ehefrau zog mit den fünf Kindern nach Berlin: Dort wohnte die Verwandtschaft. Döblin später: »Wir waren aus einem kleinen Paradiese vertrieben worden.« Von einem halbjährigen Intermezzo in Hamburg abgesehen (der Vater war aus Amerika zurückgekehrt, wollte sich dann aber von der Geliebten nicht trennen), wurde die Metropole zur neuen Heimat. Nur noch selten verließ der junge

Döblin die Stadt über einen längeren Zeitraum: so 1904 zur Fortsetzung des Medizinstudiums, im Jahr darauf zum Antritt einer ersten Assistenzarztstelle und vor allem zwischen 1915 und 1918, wo er, mittlerweile Familienvater, als Militärarzt hauptsächlich in Saargemünd tätig war. Vorher schon, Ende 1911, hatte Döblin in Berlin seine erste Kassenpraxis eröffnet, nach dem Krieg bezog er mit der Familie eine Wohnung in der Frankfurter Allee 340, wo er mitsamt Praxis bis 1931 bleiben sollte.

Einmal, als der Roman »Berlin Alexanderplatz« längst erschienen war, stand ein junger Mann zögernd vor der Tür, der dann viel später, nach dem Zweiten Weltkrieg, zu den wenigen deutschen Schriftstellern zählen sollte, die bei Döblin anknüpften: Wolfgang Koeppen. Er war früh fasziniert von dem Autor und hat sich später in einem Radiogespräch erinnert: Er habe die Absicht gehabt, einfach als Patient zu ihm zu gehen, weil ihm der Mut fehlte, sich als Verehrer zu erkennen zu geben. »Ich kam zu dem Haus und fand auch das Schild an der Tür und sah nun die Realität, daß er wirklich Arzt war.« Doch dann verließ ihn der Mut ganz, und er blieb nur eine Zeitlang vor der Tür stehen – und verpaßte so die Möglichkeit, mit Döblin ins Gespräch zu kommen. Der hatte sich damals »tägliche Spaziergänge zu Fuß« von der Frankfurter Allee (das Haus existiert heute nicht mehr) bis zum Alexanderplatz zur Gewohnheit werden lassen – »und manchmal noch ein bißchen weiter, bis in die Königsstraße hinein in die Nähe des Rathauses«.

Döblin nannte Berlin seinen »Mutterboden« – um so erstaunlicher, daß der Erzähler erst spät literarischen Nutzen daraus zog. Zwar hatte er mehrfach in journalistischen Arbeiten die Stadt beschrieben (1923 auch schon einmal den »menschenstrudelnden« Alexanderplatz), doch ansonsten »Berlin den Rücken gekehrt«, wie er es formulierte. In der Retrospektive fand er das selbst verwunderlich: »Da hatte ich mein ganzes Leben im Berliner Osten zugebracht, hatte die Berliner Gemeindeschule besucht, war aktiver Sozialist, übte eine kassenärztliche Praxis aus – und schrieb von China, vom Dreißigjährigen Krieg und Wallenstein und zuletzt gar von einem mythischen und mystischen Indien.« Seine einzige Erklärung: »Es ließ sich so besser fabulieren.« Doch dann, 1927, wollte er es offenbar wissen. »Nun denn, ich konnte auch anders«, erinnerte er sich Jahrzehnte später. »Ich konnte mich auf die Sprache verlassen: die gesprochene Berliner Sprache; aus ihr konnte ich schöpfen, und die Schicksale, die ich gesehen und miterlebt hatte, und meines dazu garantierten mir sichere Fahrt.«

Also ein autobiographischer Roman? Nein, dazu wurde »Berlin Alexanderplatz« nicht. Doch nie zuvor war der Erzähler Döblin so bei sich und konnte dermaßen aus eigener Anschauung und genauer Kenntnis von Zeit und Ort schöpfen. Das Buch war gewissermaßen ein Heimspiel: Der Autor notierte, was er vor Augen hatte und was ihm in den Ohren lag. Wahrscheinlich begann er mit der Niederschrift des Romans im Herbst 1927 (Notizen dazu existieren nicht). Einen Hinweis könnte die Chronologie im Roman selbst geben: Die Handlung im ersten Viertel spielt sich weitgehend zwischen Oktober 1927 und Januar 1928 ab – und Döblin hat sich, wenn auch nicht sklavisch, beim Schreiben an den Ereignissen der realen Zeit orientiert. So entstand ein waschechter Gegenwartsroman.

Doch allein um ein Abbild der Wirklichkeit ging es Döblin dabei nicht. »Was macht das epische Werk aus?« fragte er im Dezember 1928 in einem Universitätsvortrag. Seine Antwort: »Das Vermögen seines Herstellers, dicht an die Realität zu dringen und sie zu durchstoßen, um zu gelangen zu den einfachen großen elementaren Grundsituationen und Figuren des menschlichen Daseins.« Die Zeit um seinen fünfzigsten Geburtstag herum: das waren für Döblin intensive Monate, eine Lebensphase voller Kraft und Konzentration. Die Arbeit am Roman zog sich bis Ende 1928 hin, und noch bis zum Erscheinungstermin im Herbst 1929 feilte und ergänzte der Autor – ganz gegen seine sonstige Gewohnheit (er verlor erklärtermaßen oft schon bei der Fahnenkorrektur die Lust an einem Werk und wandte sich innerlich dem nächsten zu).

Von Adam und Eva bis zur AEG

Der Roman war von Anfang an nicht nur beim Publikum, sondern auch bei der Kritik beliebt. »Man liest diesen ›Alexanderplatz‹ mit wachsender Erregung, mit einem Gefühl zwischen Staunen und Widerspruch«, kommentierte schon im Monat des Erscheinens »Die Welt am Abend«: »Seine Form scheint mit allem zu brechen, was bisher in Deutschland epische Gestaltung hieß.« In der renommierten »Literarischen Welt« schrieb bald darauf Axel Eggebrecht, Döblin benutze jeglichen Stil »wie eine Straßenbahn«, nämlich: »Er fährt nie zu weit, wenn er da ist, wo er hin will, springt er ab. Zeitungsfetzen, Briefe, Reden, Träume, Bibelzitate wirken mit im großen Simultan-Epos der Weltstadt.«

Nicht wenige Rezensenten wurden vom Gegenstand der Kritik offenbar stilistisch inspiriert. Auch Walter Benjamin, der dem Roman einen eigenen Aufsatz widmete (Anfang 1930 in der Zeitschrift »Die Gesellschaft«), schäumte geradezu über vor Begeisterung: Es sei nicht oft auf solche Weise erzählt worden, »so hohe Wellen von Ereignis und Reflex haben selten die Gemütlichkeit des Lesers in Frage gestellt, so hat die Gischt der wirklichen gesprochenen Sprache ihn noch nie bis auf die Knochen durchnäßt.« Als ein »Monument des Berlinischen« feierte er das Buch, dessen Erzähler keinen Wert darauf lege, »heimatkünstlerisch, werbend zur Stadt zu stehen«, sondern: »Er spricht aus ihr. Berlin ist sein Megaphon.« Thomas Mann schließlich, den Döblin so wenig leiden mochte, sah in dem Werk gelassen den »großartig gelungenen Versuch, die proletarische Wirklichkeit unserer Zeit in die Sphäre der Epik zu erheben.« Nur einige – weitgehend politisch motivierte – Absagen gab es, vor allem von linker Seite: Man geißelte die »Originalitätssucht« des Autors, der sich in jener Zeit noch immer als Sozialist verstand. Linksradikale Blätter hielten den Roman, proletarische Hauptfigur hin oder her, gar für »konterrevolutionär«. Die Entscheidung eines Moskauer Verlags, auf eine Übersetzung zu verzichten, wurde 1930, grotesk, in der Zeitschrift »Die Linkskurve« als großer Sieg gefeiert (fünf Jahre später sollte dann doch noch eine russische Ausgabe in Moskau erscheinen).

Die Geschichte des Franz Biberkopf, die der Verleger Fischer auf dem Titel betont wissen wollte, ist in der Tat alles andere als ein kämpferisch-proletarisches Heldenepos. »Dies Buch berichtet von einem ehemaligen Zement- und Transportarbeiter Franz Biberkopf in Berlin«, so läßt Döblin gleich in einem Prolog den Leser wissen. »Er ist aus dem Gefängnis, wo er wegen älterer Vorfälle saß, entlassen und steht nun wieder in Berlin und will anständig sein.« Ganz wie in alten Romanen – oder auch im epischen Theater von Bertolt Brecht – wird der Gang der Handlung schon vorweg verraten, jedes einzelne der neun Bücher, der neun Kapitel von »Berlin Alexanderplatz« wird entsprechend eingeleitet. Überhaupt mischt sich die Erzählerstimme immer wieder munter und kommentierend ins Geschehen. »Darf der Autor im epischen Werk mitsprechen, darf er in diese Welt hineinspringen? Antwort: ja, er darf und er soll und er muß.« So hat Döblin bestimmt. Wenn er sich damit erklärtermaßen auf eine alte europäische Erzähltradition besann, so darf das nicht den Blick dafür verstellen, daß die Absicht eine radikal moderne war und sich gegen die konventionell erzählten Romane der Zeit richtete. Döblin polemisierte in Aufsätzen und Reden gern gegen die »feuilletonistische, essayistische Degeneration des Romans«. Es gebe immer noch zahlreiche Autoren, schrieb er 1928, »die ihre soliden Bücher bauen, Erzählungen von großem und kleinen Umfang abfabeln, abhaspeln, Dinge mit einem richtigen Anfang und einem richtigen Ende, als ob es sowas gäbe, und die sich nie Gedanken über diese Schreibweise, Denkweise, Fabulierweise gemacht haben und denen ihr Tun nie komisch erscheint.« Er aber war der Meinung: »Der Erzähler-Schlendrian hat im Roman keinen Platz; man erzählt nicht, sondern baut.«

Und so beginnt die Geschichte: Ein Mann wird nach vier Jahren aus dem Gefängnis entlassen. Er hatte seine Geliebte im Affekt erschlagen. Nun wird dieser Biberkopf hinaus in die Stadt geschickt: ins Berlin des Jahres 1927. Doch schon an der Straßenbahnhaltestelle zaudert er, so ungewohnt ist alles: »Ich geh auch rin, aber ich möchte nicht, mein Gott, ich kann nicht.« Er kommt dann doch in der Nähe des Alexanderplatzes an, geht – am Warenhaus Tietz vorbei – durch die Rosenthaler Straße und biegt in die Sophienstraße ein: »Er dachte, diese Straße sei dunkler, wo es dunkler ist, wird es besser sein. Die Gefangenen werden in Einzelhaft, Zellenhaft und Gemeinschaftshaft untergebracht. Bei Einzelhaft wird der Gefangene bei Tag und Nacht unausgesetzt von anderen Gefangenen gesondert gehalten.«

Was dem Helden da durch den Kopf geht (es folgen an der Stelle noch mehrere Sätze aus der Gefängnisordnung), steht im Roman recht unvermittelt da. Handelt es sich dabei überhaupt noch im Sinn des psychologischen Romans um Gedanken oder Assoziationen der Figur? Bald wird deutlich, daß es Döblin nicht darum zu tun ist, die Geschichte aus der inneren Perspektive Biberkopfs zu berichten: Der Erzähler selbst ist es, der hier mit Zitaten und Versatzstücken schaltet und waltet – er setzt sie mal erläuternd, mal kontrastierend, mal augenzwinkernd ein.

Einer der ersten Wege führt Biberkopf ins Kino. Dort erwachen – angesichts einer Liebesszene – seine Lebensgeister wieder. Den folgenden Besuch des Helden bei einer Prostituierten schildert Döblin als Meister von Anspielung und Aussparung. Dabei geben ihm wiederum Zitate willkommene Unterstützung: »Das schwammige Weib lachte aus vollem Hals. Sie knöpfte sich oben die Bluse auf. Es waren zwei Königskinder, die hatten einander so lieb. Wenn der Hund mit der Wurst über den Rinnstein springt. Sie griff ihn, drückte ihn an sich. Putt, putt, putt, mein Hühnchen, putt, putt, putt, mein Hahn.« Diese Montage aus verschiedenen Volksliedern suggeriert etwas von der Atmosphäre dieser Begegnung. Biberkopf reagiert mit Impotenz – der Leser erfährt das indirekt dadurch, daß Döblin unvermittelt eine Art medizinischen Kommentar über Potenz einschiebt: »Die sexuelle Potenz kommt zustande durch das Zusammenwirken 1. des innersekretorischen Systems, 2. des Nervensystems und 3. des Geschlechtsapparates.« Diese Passage (sie geht noch ein Stück weiter) läßt sich beim besten Willen nicht mehr als Gedankenspiel Biberkopfs verstehen. Da spricht der Arzt Döblin – oder besser: er zitiert, denn bewußt verzichtet er darauf, den Vorgang mit eigenen Worten zu erklären oder zu kommentieren. Statt dessen klebt er – im wahrsten Sinne des Wortes – einfach ein sachliches Fertigprodukt in den Text hinein.

Diese Art von Collage wiederholt sich gleich noch einmal. Biberkopf versucht es erneut mit käuflicher Liebe und scheitert wiederum. Dieses Mal wird Döblin per Zitat noch etwas deutlicher. Er schiebt kommentarlos – im Grunde: als Ersatz für einen Kommentar – den Text einer Zeitungsanzeige oder eines Beipackzettels für ein Mittel gegen Impotenz in die Erzählung hinein: »Testifortan, geschütztes Warenzeichen Nr. 365695, Sexualtherapeutikum nach Sanitätsrat Dr. Magnus Hirschfeld und Dr. Bernhard Schapiro, Institut für Sexualwissenschaft, Berlin. Die Hauptursachen der Impotenz sind: A. ungenügende Ladung durch Funktionsstörung der innersekretorischen Drüsen; B. zu großer Widerstand durch überstarke psychische Hemmungen, Erschöpfung des Erektionszentrums.« Da sich die Handschrift des Romans – in der ersten Fassung – erhalten hat, läßt sich die Arbeitsweise Döblins gut studieren: In beiden Fällen hat er bei der Niederschrift für die später zu ergänzenden Fremdzitate einfach Platz gelassen.

Biberkopf übrigens hat seine eigene Methode, um sich von der Störung zu kurieren. Er schläft sich zunächst ordentlich aus und besucht dann die Schwester der von ihm getöteten Geliebten. Ein Präparat »Testifortan« wird er niemals nehmen, es spielt auch im weiteren Verlauf des Romans keine Rolle mehr. Schon bei diesen Beispielen zeigt sich, wie die Collage, die Montage von Zitaten, den Charakter des Erzählens verändert – und wie diese damals noch neue Technik, zunächst in der bildenden Kunst praktiziert, paradoxerweise zurück zum auktorialen Erzähler führt: zum eingreifenden, alles überblickenden, allwissenden Autor.

Zunächst haben die Zitatbeigaben im Erzählfluß von Döblins Roman noch marginalen Charakter. Das ändert sich schon zu Beginn des zweiten Kapitels entschieden. Über Seiten hin spielt die Hauptfigur keine Rolle mehr. Was um ihn herum passiert, was überhaupt in Berlin stattfindet, wird im Roman genauso wichtig genommen wie das, was Biberkopf direkt zustößt. Das kommt, übrigens, nicht von ungefähr. Denn Döblin, als junger Autor und Nervenarzt der (herkömmlichen) Psychologie gegenüber äußerst skeptisch, begann seit seinem Buch »Die beiden Freundinnen und ihr Giftmord« (1924) eine Art Sozialpsychologie für sich zu entdecken: »Das Leben oder der Lebensabschnitt eines einzelnen Menschen ist für sich nicht zu verstehen. Die Menschen stehen mit anderen und auch mit anderen Wesen in Symbiose. Berühren sich, nähern sich, wachsen aneinander. Dies ist schon eine Realität: die Symbiose mit den anderen und auch mit den Wohnungen, Häusern, Straßen, Plätzen.«

Der Roman »Berlin Alexanderplatz« beginnt gewissermaßen bei Adam und Eva (»Es lebten einmal im Paradies zwei Menschen, Adam und Eva«) und führt über den lapidaren Satz: »Franz Biberkopf betritt Berlin« mitten hinein in eine Montage aus amtlichen Verlautbarungen (von Döblin mitsamt den kleinen bildlichen Symbolen dem offiziellen Berliner Amtsblatt aus dem Jahr 1928 entnommen). Dann heißt es: »Der Rosenthaler Platz unterhält sich«, und es folgt eine Collage aus dem, was hier zu sehen und zu hören ist. Das geht vom Wetterbericht über die Aufzählung sämtlicher Haltestellen der Linie 68 und der Beförderungsbedingungen bis hin zu den Schaufensterreklamen am Platz und den Abteilungen und Zweigstellen der in der Nähe ansässigen Firma AEG – zitiert, wie es im Roman heißt, nach dem »Telefonbuch von 1928«. Dazwischen Bruchstücke beliebiger Passantengespräche. Berlin tritt Biberkopf auf diese Weise gleichberechtigt an die Seite.

Während der Niederschrift verfaßte Döblin nebenbei auch das Geleitwort zu einem Berlin-Buch. Darin heißt es nicht zufällig: »Um die volle Wahrheit der wachsenden, unsichtbaren Siedlung Berlin zu zeichnen, müßte ich Seite um Seite des statistischen Jahrbuchs der Stadt abschreiben, ihre Geburten und Todesfälle hinsetzen, von den Gründungen, Liquidationen und Konkursen berichten, von den Krankenkassen, der Erwerbslosenfürsorge, den Rettungsstellen, den Irrenanstalten, Siechenhäusern, Asylen, von der Jugendwohlfahrt, den Kinderhorten, den Kindertagesheimen.«

Ganz so weit ist er dann nicht gegangen. Aber in seinem Roman nimmt Döblin den Leser an die Hand, läßt ihn um die Ecken gucken, zerrt ihn hierhin und dorthin – kurze Einstellungen wie in einem Film, hier eine Totale, dort ein Detail (er hat selbst von »filmischer Schreibweise« gesprochen: die Darstellung erfordere bei der »ungeheuren Menge des Geformten« einen Kinostil). Der Autor gibt indirekt zu verstehen: Diesem und jenem ließe sich genauso gut nachgehen, die Stadt ist ein unendlich verzweigter Raum. An jeder Straßenbahnstation könnte man aussteigen und Menschen finden, in jeder AEG-Filiale jemanden bei der Arbeit beobachten. Biberkopf ist nur einer in der Masse, zufällig herausgegriffen, einer, dem der Autor bisweilen folgt und den er dann auch wieder aus den Augen verliert. Mit welchem Vergnügen Döblin dieses Spiel treibt, zeigt eine Romanstelle, wo plötzlich unmotiviert von seltenen Vogelarten die Rede ist – was dann schnell mit einer ironischen Geste wieder weggewischt wird: »Jedoch spielt sich das alles sehr entfernt ab zwischen Bikkam und Bhutan in Indien, es ist für Berlin eine ziemlich unfruchtbare Bibliotheksweisheit.« Aber eben: auch die Bibliotheken stehen in der Stadt. Und so gehört es doch hierher.

In der erhaltenen ersten Fassung des Romans, dem »Marbacher Manuskript«, ist die Vorgehensweise Döblins gut zu studieren. Der Autor hat in die Handschrift an passenden Stellen immer wieder Zeitungsausschnitte und andere Texte einfach eingeklebt – manchmal ohne ein Wort zu verändern, manchmal mit leichten Akzentverschiebungen und Anpassungen. Bisweilen enthüllt überhaupt erst der Blick ins Manuskript den Zitatcharakter einer bestimmten Textpassage, so bei einem der vielen Kurzlebensläufe, die über den Roman verstreut sind: Es handelt sich in diesem Fall um einen fast unverändert übernommenen Brief, den offenbar eine Patientin dem Arzt Döblin geschickt hatte (datiert vom 5. Januar 1928) – nur die Briefanrede und die Unterschrift sind gestrichen und das Datum ist geändert worden.

Seit 1996 existiert – innerhalb der Ausgewählten Werke in Einzelbänden – auch endlich eine ausführlich kommentierte Ausgabe des Romans, bei der die Fundstellen der Zitate, soweit überhaupt nachweisbar, sorgsam aufgelistet werden: selbst dort, wo Döblin einen Reklamespruch lediglich persifliert oder ein Pseudozitat aus Goethes »Faust« eingeflochten hat. Ansonsten finden sich jede Menge Hinweise auf zeitgenössische Inserate, Alltagssprüche, Liedzeilen oder Zeitungsartikel, wie etwa aus dem »Völkischen Beobachter«.

Per Steckbrief gesucht

Die Methode des Zitierens lag Döblin. Er wandte sie in »Berlin Alexanderplatz« nicht zum ersten Mal an. Schon in seinem Aufsatz »Der Epiker, sein Stoff und die Kritik« bekannte er sich 1921 dazu. »Ja, ich muß folgendes feststellen: manches was mir in den Büchern und Akten vor Augen kam, schien mir ohne weiteres geeignet – mein Eigentum zu sein«, argumentierte er ganz offen und offensiv. »Man meint: ich hätte beschlossen abzuschreiben? Nein, es war für mich zurechtgestellt, ich hatte Glück, daß ich es fand, darauf stieß.« Und dann, acht Jahre später, im Erscheinungsjahr des Romans, noch einmal deutlich: »Und es ist mir so gegangen, als ich dies oder jenes historische Buch schrieb, daß ich mich kaum enthalten konnte, ganze Aktenstücke glatt abzuschreiben, ja ich sank manchmal zwischen den Akten bewundernd zusammen und sagte mir: besser kann ich es ja doch nicht machen.« Döblin gestand ein, sogar komplette Geographieartikel übernommen zu haben: »Das alles ist so herrlich und seine Mitteilung so episch, daß ich gänzlich überflüssig dabei bin.« Doch erst im Großstadtroman kam diese Methode des laxen Umgangs mit geistigem Eigentum voll zur Wirkung – zumal sie hier, von wenigen Ausnahmen abgesehen, kein Versteckspiel ist und weniger den Charakter des Abschreibens als des geschickten Aufpickens trägt.

Döblin fürchtete zeitlebens den Verdacht, er habe während der Niederschrift von »Berlin Alexanderplatz« methodische Anleihen bei einem 1922 im Original und im Herbst 1927 in deutscher Übersetzung publizierten Roman gemacht: bei »Ulysses« von James Joyce. Tatsächlich läßt sich da manche Parallele finden: Das Werk des irischen Schriftstellers spielt ebenfalls in einer Großstadt, und das darin zitierte Material entstammt durchaus vergleichbaren Quellen. Döblin selbst war einer der ersten, die in Deutschland »Ulysses« rühmten: In einem begeisterten Hinweis bezeichnete er den Roman 1928 als den bisher energischsten Versuch, »dem heutigen Alltag auf den Leib zu rücken«. Nachdem dann sein eigener Roman veröffentlicht war, wurde er nicht müde zu betonen, er habe das Buch des Iren nicht gekannt, bevor er das erste Viertel des eigenen Romans schrieb. »Später hat mich ja sein Werk, wie ich auch öfter gesagt und geschrieben habe, entzückt, und es war ein guter Wind in meinen Segeln«, lautete Döblins Kommentar. »Dieselbe Zeit kann unabhängig voneinander Ähnliches, ja Gleiches an verschiedenen Stellen erzeugen.« Die Literaturwissenschaft teilt diese Einschätzung weitgehend – wobei man freilich auf die Selbstaussagen Döblins angewiesen bleibt.

Der »Himmel über dem Alexanderplatz« bringt dem durch die Großstadt irrenden Biberkopf am Ende nicht viel Glück: Allen guten Vorsätze zum Trotz läßt der Held sich in kriminelle Aktivitäten verwickeln – von einem vermeintlichen Freund, der dann nicht davor zurückscheut, den Mitwisser vor ein Auto zu stoßen (Biberkopf verliert dadurch einen Arm) und später dessen Freundin zu vergewaltigen und umzubringen. Zunächst wird irrtümlich der einschlägig Vorbestrafte verhaftet, und so landet Biberkopf für einige Zeit in der Psychiatrie.

Gegen Schluß des Romans geht er wieder »durch die Stadt«: »Zuerst der Alex. Den gibts noch immer. Zu sehen ist an dem nichts, war ja eine furchtbare Kälte den ganzen Winter, da haben sie nicht gearbeitet und alles stehen gelassen, wie es stand, die große Ramme steht jetzt am Georgenkirchenplatz...« Das Ende bleibt offen: Ein kleiner Arbeiter ist Biberkopf, »Hilfsportier in einer mittleren Fabrik«, er steht nun nicht mehr »allein am Alexanderplatz«. Und fast prognostisch die Worte Döblins: »Wach sein, wach sein, es geht was vor in der Welt.«

Tatsächlich blieb dem Autor nicht mehr sehr viel Zeit, um den Erfolg des Romans zu genießen. Und nicht alle Hoffnungen erfüllten sich. Wartete Döblin insgeheim auf den Nobelpreis? Am 2. November 1929 kürte der bekannte Kritiker Herbert Ihering im »Berliner Börsen-Courier« Döblin zum »einzigen deutschen Kandidaten«. Doch der Preis wurde zehn Tage später Thomas Mann zugesprochen. Immerhin erschien 1930 die erste Übersetzung des Romans in den Niederlanden (weitere in anderen Ländern folgten), eine Hörspielfassung wurde mit viel Erfolg ausgestrahlt, und es entstand schon 1931 die erste Verfilmung des Romans – in beiden Fällen mit dem prominenten Heinrich George in der Hauptrolle. (Fünfzig Jahre später brachte Rainer Werner Fassbinder seine zunächst in mehreren Teilen im Fernsehen gezeigte Filmadaption ins Kino.)

Nun waren auch die finanziellen Mittel da, um einen immer wieder erwogenen und aufgeschobenen Plan in die Tat umzusetzen, nämlich den Umzug der Familie in ein anderes, vornehmeres Stadtviertel. Paradox: ausgerechnet der Roman »Berlin Alexanderplatz«, der dem Osten Berlins so viel verdankt, versetzte den Verfasser in die Lage, von dort fortzugehen – offenbar bereute Döblin den Schritt aber schon bald. Noch Anfang 1933 hatte er die feste Absicht, in die alte Umgebung zurückzukehren. Daraus wurde nichts mehr. Am 28. Februar 1933, am Tag nach dem Reichstagsbrand, verließ Döblin auf dringenden Rat von Freunden mit dem Abendzug Berlin. Von Überlingen am Bodensee aus machte er sich sodann in die Schweiz auf, wo er in Kreuzlingen auf die nachfolgende Familie wartete (einer der vier Söhne blieb vorerst in Berlin) und mit ihr zusammen zunächst in einem Zürcher Hotel unterkam.

Die Jahre des Exils hatten begonnen. Im Herbst 1933 siedelte die Familie nach Paris über, im November bewerkstelligte es ein Freund, einige Möbel und die Bibliothek Döblins aus Berlin dorthin zu schaffen. Dennoch empfand der Schriftsteller Frankreich als Fremde. Im Februar 1934 schrieb er dem Lektor und Kollegen Oskar Loerke: »Dies eine Jahr ist ein halbes Jahrhundert.« Bald darauf wurde Döblin von den Nazis gar steckbrieflich verfolgt (der offizielle Grund: eine nicht bezahlte »Reichsfluchtsteuer« in Höhe von 12000 Reichsmark). Zwar erfuhr er 1936 in Frankreich die rare Gunst der Einbürgerung und wurde noch im Herbst 1939, nach Kriegsausbruch, im französischen Informationsministerium angestellt –

doch dann verließ ihn das Glück im Unglück. Nach 1939 gelang ihm keine einzige Buchveröffentlichung, es kam nicht einmal mehr eine neue Übersetzung irgendeines seiner Werke zustande – das sollte bis zum Kriegsende so bleiben. Im Sommer 1940 irrte Döblin, eine Zeitlang von seiner Frau getrennt, durch Frankreich und Spanien. Nur mit Mühe erreichten beide – zusammen mit dem jüngsten Sohn – Lissabon und nach einmonatiger Wartezeit im September ein Schiff nach New York.

Anders als Thomas Mann, der sich in Kalifornien schon wohnlich eingerichtet hatte (und sich übrigens vielfältig für die Belange der anderen Emigranten einsetzte), erlebte Döblin das Exil in den USA als erniedrigend: Er war in Hollywood, nach Auslauf eines befristeten Vertrags mit der Filmgesellschaft MGM, auf Zuwendungen angewiesen, für einige Wochen erhielt er – erstmals im Leben – Arbeitslosenunterstützung (18 Dollar pro Woche). Bald mußte die Familie in eine billigere Wohnung umziehen. Während dieser Zeit, im November 1941, trat er heimlich zum katholischen Glauben über – offiziell ließ er das erst 1945 verlauten.

Ein Wiedersehen mit Berlin

Döblin war einer der ersten Exilschriftsteller, die nach Deutschland zurückkehrten. »Ich wollte wieder aktiv werden, wollte auch den Druck der Almosen abwerfen«, erinnerte er sich später. Am 9. November 1945 traf er, nun wieder Angestellter des Pariser Ministeriums, in Baden-Baden ein: in französischer Offiziersuniform (die er gern trug) und voller Erwartungen an die Zukunft – die sich freilich allesamt nicht erfüllen sollten. Es war ihm kein Anknüpfen an jene gute Zeit vergönnt, die er erlebt hatte, bevor er aus Deutschland fliehen mußte.

Döblin trug sein Scherflein dazu bei, er hatte keine glückliche Hand. Die von den Franzosen lizensierte Zeitschrift »Das Goldene Tor«, die ihm als Herausgeber anvertraut wurde, nutzte er, um unqualifizierte Attacken gegen den vorerst in den USA gebliebenen Thomas Mann drucken zu lassen: Verbitterung schlug bei ihm in offenes und – angesichts erwiesener Kollegialität und Hilfsbereitschaft – völlig ungerechtfertigtes Ressentiment um. Auch bei der Neuausgabe seines Erfolgsromans verkalkulierte er sich total. Er vertraute sie weder seinem alten Verlag S. Fischer noch dem Verleger Ernst Rowohlt an (der »Berlin Alexanderplatz« gern als Nummer 1 seiner geplanten Taschenbuchreihe gebracht hätte), er überließ sie stattdessen 1947 einem kleinen Verlag in Kassel. Der wagte zwar eine Riesenauflage (50000 Exemplare), machte aber bald darauf Pleite. Reaktionen in der Presse auf die Neuauflage gab es so gut wie keine, und erst acht Jahre später war an einen erneuten Versuch mit dem Buch zu denken.

Endlich sah Döblin auch den Alexanderplatz selbst wieder. Im Juli 1947 reiste er (»zögernd«) für einige Tage mit seiner Frau nach Berlin. Bedrückt nahm er in sich die »Bilder einer fürchterlichen Verwüstung, einer maßlosen Zerschmetterung« auf. Auch den geliebten Platz fand er »zerstört, zerbrochen, niedergetreten« vor. Nichts war mehr zu spüren von der einstigen Atmosphäre (»das ist alles Geschichte, Vergangenheit«). Wie ein kühler Reporter notierte er: »Der Platz ist nicht leer, hier fahren einige Lastwagen, und Frauen schieben Kinderwagen, in denen sie Holz und anderes transportieren. Vor dem Warenhaus Tietz, das schrecklich mitgenommen ist, dessen Kuppel und Globus tief liegt, stehen Tische, und Straßenhändler verkaufen das billige Zeug, das man jetzt in allen deutschen Städten feilbietet.« Und dem Berliner »Telegraf« sagte er in einem Interview: »Das war mein Leben bis zum 55. Lebensjahre. Hier kannte ich Haus um Haus, saß bei Aschinger, in den Kaschemmen der Münzstraße, nicht als exotischer Beobachter oder als Literat, sondern als Berliner, als der Nervenarzt Dr. Döblin... Das war meine Gegend.«

Döblin kam als Besucher. An eine Übersiedlung dachte er nicht. Während eines zweiten Besuchs im Jahre 1948 gab er sich bei einem öffentlichen Auftritt als Katholik zu erkennen und erntete dafür nur Hohn. »Wo ich jetzt stand und was hinter mir lag, wußten sie nicht«, notierte er verbittert. »Bin ich ein verlorener Sohn, der nicht zurückkehren will? Wie viele sind in alle Welt zerstreut, wie viele modern schon, und ich gehe noch hier herum und lebe.« Auch später konnten ihn Avancen nicht locken, die ihn aus der DDR erreichten (übermittelt 1953 von keinem Geringeren als Bertolt Brecht): Ein Haus wurde ihm angeboten und ein akademisches Gehalt. Der Sozialismus, wie er dort praktiziert wurde, befremdete ihn. Schon 1951 hatte Döblin sich in einem privaten Brief erklärt: »Ich bin für eine klare und radikale Friedensidee, sie kann auf humanistischem Boden stehen oder auf christlichem, aber ich verbitte mir die Verkleisterung des Politischen und des Christlichen mit einer bestimmten Politik eines Staates.«

Der Gesundheitszustand Döblins verschlechterte sich nach einer Augenoperation 1951 und einem Herzinfarkt im folgenden Jahr. Im April 1953 siedelte er wieder nach

Paris über (er hatte zuletzt in Mainz gewohnt). Nach Deutschland kehrte er lediglich zu Krankenhaus- und Kuraufenthalten zurück. Döblin, fast blind und bewegungsunfähig, konnte nun bloß noch diktieren. Auf diese Weise entstand, in der Zeit vom Mai 1955 bis Februar 1957, als letzte Arbeit der später aus dem Nachlaß edierte Text »Von Leben und Tod, die es beide nicht gibt«. Darin findet sich auch ein letzter haßerfüllter Reflex auf seinen ewigen Rivalen. Was Döblin zum »Verschwinden von Thomas Mann«, nämlich zu dessen Tod im August 1955, glaubte diktieren zu müssen, läßt ihn wenig souverän erscheinen: »Es gab diesen Thomas Mann, welcher die Bügelfalte zum Kunstprinzip erhob, erheben wollte, und mehr brauchte man von ihm nicht zu wissen.« Der Roman »Buddenbrooks« sei eine »langweilige Spießerei«. Thomas Mann habe nie »den Zugang zu sich gefunden« – dabei liege »seine Psychologie« offen da. »Er gab sich nicht auf«, fiel Döblin noch zu dem anderen ein. Und: »Er wurde über 80 Jahre alt.«

Hat er denn selbst »Zugang zu sich gefunden«? Döblin war Autobiographisches zeitlebens fremd, jedenfalls behauptete er das. So etwa 1949 ganz entschieden: »Ich mag die Autobiographien nicht.« Selbst in den besten Beispielen dieser Gattung laufe alles durcheinander: Enthüllen, Verdecken und Verdrängen. Döblin wußte, daß jede Selbstdarstellung immer auch Dichtung ist, und so kam er zu dem Resultat: »Wenn man schon dichtet, warum nicht ehrlich und ganz dichten.« Man könne nicht zugleich der Mann sein, »der in den Spiegel schaut, und der Spiegel«. Auffällig bleibt, wie viele Selbstdarstellungen Döblins dennoch existieren, von kurzen angeforderten Lebensläufen bis hin zu regelrechten autobiographischen

Essays, zum Teil fragmentarischen Charakters: Da gibt es zum Beispiel eine 1917/1918 verfaßte Selbstbiographie »Doktor Döblin«, 1922 eine »Autobiographische Skizze«, den »Ersten Rückblick« aus dem Jahr 1928, einen Radiobeitrag »Alfred Döblin erzählt sein Leben« (1930), ein »Selbstporträt« (1939), einen frühen »Epilog« (1948), das »Journal 1952/1953« und schließlich die letzten Diktattexte. Manches prägende Ereignis aus seinem Leben – etwa den Weggang des Vaters – hat Döblin mehrfach erzählt, als würde er jedes Mal von vorn beginnen müssen. So war er sich zeitlebens auf der Spur und verlor sich immer wieder aus den Augen. Er blieb sich fremd – wie ihm auch die meisten seiner Werke schnell ferngerückt waren (was ähnlich andere Schriftsteller von sich berichtet haben): »Nachher mochte ich die Geburt, mein ›Produkt‹ nicht sehen, und wenn es mir später in die Hände fiel, erkannte ich es schlecht wieder und schob es von mir weg.« Er habe sich oftmals sogar »ein bißchen« vor seinen Büchern geekelt, schrieb er 1948 in seinem »Epilog«.

In den letzten beiden Lebensjahren blieb Döblin nur noch die Kraft für sporadische Tagebuchdiktate: »Eigentlich habe ich kein besonderes Thema und lasse notieren, was mir einfällt.« Diese Texte sind der ungefilterte Monolog eines kranken Mannes, dem es nicht mehr vergönnt war, das wiedererwachende Interesse an seinem Werk – besonders an »Berlin Alexanderplatz« – noch mitzuerleben. »Ich dachte, das kleine Tagebuch fortsetzen zu können, aber nicht ich, sondern die Krankheit macht große Schritte«, ließ er Anfang 1957 notieren. Und später die Worte: »Statt endlich eine ganz frische Welt vor uns zu sehen, haben wir einen ungeheuren abscheulichen Schutthaufen.« Bald darauf brach das Diktat ganz ab.

So alt wie Thomas Mann wurde er nicht, nicht ganz: Der 78jährige Alfred Döblin starb am 26. Juni 1957 im Landeskrankenhaus Emmendingen. Auch vierzig Jahre danach fällt den meisten zu seinem Namen immer noch zuallererst eine Bahnstation ein.

Ein Sommer und ein Grab am Mälarsee

Kurt Tucholsky: »Schloß Gripsholm«

Gripsholm, da liegt es: wuchtig, wachsam, mit vier runden Türmen – einst eine Festung. Im Sommer kann man von Stockholm aus mit dem Schiff herfahren: über den Mälarsee, den drittgrößten See Schwedens. Die Anlegestelle ist gleich nebenan. Das Schloß steht auf einer kleinen Insel. Der Ort heißt Mariefred, nach einem alten Kloster, Pax Mariae, das es nicht mehr gibt. Mit dem Auto kann man auch herkommen: von Stockholm in einer knappen Stunde.

Schloß Gripsholm: Ein Hinweis auf den deutschen Dichter, den es zu seinem populärsten Buch anregte, ist nicht zu finden. Für die Schweden, die zur Besichtigung kommen, ist die Festung im roten Stein ein Stück aus den Geschichtsbüchern. Auf Gripsholm haben sich Dramen abgespielt, Brüder warfen einander wechselseitig in den Kerker; ein König wurde so lange festgehalten, bis er die Abdankungsurkunde unterschrieb. Heute ist Gripsholm von Zeit zu Zeit Residenz der königlichen Familie – und eine der größten Porträtgalerien der Welt. Für die Wegweiser genügen Schwedisch und Englisch. Die deutschen Touristen, die hier ihrem Tucholsky nachspüren, sind in der Minderzahl.

Kurt Tucholsky hat in seinem Leben zwei Liebesgeschichten veröffentlicht: 1912, damals war er zweiundzwanzig Jahre alt, »Rheinsberg«, ein »Bilderbuch für Verliebte«, und 1931 »Schloß Gripsholm«, eine »Sommergeschichte«. Es wurden seine beiden größten Erfolge. Tucholsky hat davon nur zum Teil finanziell profitiert: Sein erstes Buch gab er dem Verleger Axel Juncker (nach vielen Absagen) für eine Pauschalabfindung in Höhe von 125 Mark; das Erscheinen der »Sommergeschichte« überlebte er nur um rund vier Jahre. Längst hat die deutsche Auflage von »Schloß Gripsholm« die Millionengrenze überschritten, »Rheinsberg« es auf eine halbe Million Exemplare gebracht.

Das Schloß bewacht sich selbst

»Ja, eine Liebesgeschichte... lieber Meister, wie denken Sie sich das? In der heutigen Zeit Liebe? Lieben Sie? Wer liebt denn heute noch?« Mit einem launigen (übrigens erfundenen) Briefwechsel zwischen Tucholsky und dem Verleger Ernst Rowohlt fängt sie an, die »Gripsholm«-Geschichte. Dem Leser wird gleich zu Beginn bedeutet: Bitte nicht zuviel an Romantik erwarten! Ein Schriftsteller fährt mit seiner Freundin, einer Sekretärin, für ein paar Wochen nach Schweden. Ein Freund des Mannes kommt zu Besuch, später eine Freundin der Frau. »Wir lagen auf der Wiese und baumelten mit der Seele«: Das ist längst zu einem geflügelten Wort geworden. Eine Sommergeschichte, kein Liebesdrama. Dabei wird – was der Auflage nicht geschadet hat – auch eine Liebesszene zu dritt geschildert. »Vieles habe ich von dieser Stunde vergessen – aber eins weiß ich noch heute: Wir liebten uns am meisten mit den Augen.« Wie gesagt: kein Drama – die wilden zwanziger Jahre sind noch nicht so recht vorbei. Man nimmt derlei leicht. Oder gibt es zumindest vor.

Das alles spielt sich im Buch tatsächlich im Schloß ab. Denn in der Geschichte haben die Gäste aus Berlin ein Zimmer im Anbau erhalten. Hier wollen sie gern bleiben: »Das Schloß, aus roten Ziegeln erbaut, stand leuchtend da, seine runden Kuppeln knallten in den blauen Himmel – dieses Bauwerk war dick, seigneural, eine bedächtige Festung.« Und nach dem ersten Rundgang trifft der Erzähler die Feststellung: »Viele schöne Gemälde hingen da. Mir sagten sie nichts. Ich kann nicht sehen. Es gibt Augenmenschen, und es gibt Ohrenmenschen, ich kann nur hören. Eine Achtelschwingung im Ton einer Unterhaltung: Das weiß ich noch nach vier Jahren ... Ich weiß nichts vom Stil dieses Schlosses – ich weiß nur: Wenn ich mir eins baute, so eins baute ich mir.«

Gripsholm ist eines der ältesten von rund zweihundert schwedischen Schlössern. Ende des vierzehnten Jahrhunderts stand hier eine Burg, die schon bald niedergebrannt wurde. Mit dem Bau der Schloßanlage begann man erst viel später: 1537. Damals regierte Gustav Wasa, er vertraute die Ausführung einem deutschen Festungsbaumeister an. Die vier massigen Rundtürme – mit Mauern von vier Metern Dicke – wurden noch zu Lebzeiten Gustavs I. fertig. Er legte auch den Grundstock für die Gemäldesammlung. Der König muß sich hier wohl gefühlt haben: Briefe zeigen, daß er oft in Gripsholm war. Später – Anfang des achtzehnten Jahrhunderts – diente das Schloß eine Zeitlang als Provinzialgefängnis, bis ein anderer König , Gustav III. (nun nicht mehr aus dem Hause Wasa), wieder Gefallen an dem Bauwerk fand: Er ließ ein wunderschönes Theater in einen der Türme einbauen, 1785 war es fertig.

Für den Besucher ist Schloß Gripsholm ein Labyrinth: In drei Stockwerken sind fünfzig Räume anzusehen, vom Verlies bis zum Reichssaal. Schaut man aus dem Fenster, ist man jeweils an einer ganz anderen Ecke des Schlosses angekommen als gedacht. Zum Glück sind die Pfade mit Pfeilen und Nummern markiert. Es ist zu spüren, daß in diesem Gebäude unentwegt an- und umgebaut wurde. Hier ein Wanddurchbruch, da eine kleine Kammer: Es wirkt improvisiert – und sehr lebendig. Auch innen vermittelt das Schloß ein Gefühl von Geborgenheit: in seiner Mischung aus Bauernstube und Ballsaal. Immer wieder ein Schlafgemach, breite Himmelbetten – aber so kurz! Wir aufgeschossenen Neuzeitler stehen davor wie eine fremde Rasse.

Dann der »Grüne Salon« im Zwischengeschoß, Lesezimmer einer Königin: von drei Seiten nordisches Licht aus hohen Fenstern. Da möchte man gern »Schloß Gripsholm« lesen; aber die grünen Sessel darf der Besucher nicht einmal berühren.

Tucholsky hat in diesem Schloß nie gewohnt. Er hätte die Möglichkeit gehabt. Im Frühjahr 1929 kam er mit einer Journalistin nach Mariefred, die er Anfang 1927 in Berlin kennengelernt hatte. Den beiden war in Stockholm der Tip gegeben worden, man könne im Schloß eine Vierzimmerwohnung mieten. Lisa Matthias, so hieß die Begleiterin, hat das Jahrzehnte später in ihren Memoiren (»Ich war Tucholskys Lottchen«) beschrieben, einem unglücklich-unbeholfenen Buch, voller Ressentiments gegen den ehemaligen Liebhaber. Aber mit manch nützlicher Information. Der Dichter und seine Freundin schauten sich danach damals die Räume an, sie waren ihnen zu hoch und zu groß. Außerdem hatten sie Angst vor den Touristen, die auch schon 1929 ins Schloß strömten. Sie fanden ein Sommerhaus in Läggesta, einem kleinen Ort gegenüber von Mariefred, auch am Mälarsee, mit Blick auf das Schloß: »Es lag beruhigend und dick da und bewachte sich selbst« – wie es im Roman heißt.

Die beiden verbrachten dort den Sommer im Angesicht von Gripsholm. Tucholsky trug einen schwarzen Badeanzug – so ist er auf einem Foto zu sehen. Dieser Urlaub mag die Anregung für das Buch gegeben haben, das ein Jahr später entstand – autobiographisch ist »Schloß Gripsholm« deswegen nicht. Lisa Matthias war vor allem Vorbild für eine ganz andere Tucholsky-Figur, jenes Lottchen, das er in vielen Zeitungsartikeln systematisch zu seiner Dialogpartnerin aufbaute: eine forsch-gescheite Person, die mit ihrem Sprachwitz die Leser erfreut (»Lottchen beichtet 1 Geliebten«). Ein wenig steckt von ihr aber wohl doch auch in Lydia, der »Prinzessin« aus dem Buch, das Tucholsky der Berliner Freundin widmete: nicht namentlich, sondern – angeblich auf ihren Wunsch – verschlüsselt. »Für IA 47 407« steht da am Anfang von »Schloß Gripsholm«. Das war das Kennzeichen des Autos von Lisa Matthias.

Eine Liebesnacht zu dritt

Tucholsky, am 9. Januar 1890 in Berlin geboren, lebte Ende der zwanziger Jahre längst nicht mehr ständig in Deutschland, das ihm schon eine ganze Weile vor Beginn der Naziherrschaft verleidet war. Der prominente Mitarbeiter der »Weltbühne« hatte sich 1924 als Korrespondent in Paris eingerichtet. Die eigene Arbeitsweise charakterisierte er indirekt mit dem Satz: »Es gibt Auslandskorrespondenten, die wollen die fremden Völker, zu denen man sie geschickt hat, nicht erkennen. Sie wollen sie durchschauen.« Tucholsky konnte auch aus der Ferne seine Leser erreichen: Er zählte in jenen Jahren zu den bekanntesten deutschen Journalisten – befehdet und bewundert. In rund hundert Zeitungen und Zeitschriften wurden seine Polemiken und Glossen, seine Gedichte und Feuilletons gedruckt und nachgedruckt. In Berlin ließ er sich nur noch von Zeit zu Zeit blicken. Ende 1926 übernahm er für kurze Zeit die Leitung der »Weltbühne«.

Er schrieb auch immer wieder über Bücher: Anmerkungen, Rezensionen, Zwischenrufe – salopp, subjektiv, eigenwillig im Ton. Und ohne Furcht davor, sich vor der Gilde der Gelehrten zu blamieren. Der Gelegenheitskritiker zeigte vor allem wenig Neigung, sich vor respektheischenden Experimenten und wichtigtuerischen Neuerungen zu ducken. »Literatur ist kein Wagenrennen«, entschied er 1927, »und wer da moderner, noch viel moderner, noch ganz bedeutend moderner sein möchte, den wollen wir nicht stören und ihn laufen lassen.« Und zwei Jahre später schrieb er: »Ich liebe an der Literatur auch das Handwerk, das kein Ziel ist, aber eine Voraussetzung. Dieses Handwerk braucht vielerlei: Lehrzeit, Ruhe, Geduld und Gefühl für Sprache.« Mit Hunderten von Rezensionen war Tucholsky gewiß, wie der Kritiker Marcel Reich-Ranicki (1994 in seinem Buch »Anwälte der Literatur«) respektvoll schreibt, »einer der großen Literaturkritiker der Weimarer Republik«. Freilich gilt auch

Reich-Ranickis Einschränkung: Hintergrund für die »eigenartige Mischung aus nervöser Ungeduld und phänomenaler Reizbarkeit, aus provozierendem Dilettantismus und höchstem Talent« war Tucholskys spürbare Unlust, sich mit der Literatur der anderen »auf ein längeres und tieferes Gespräch einzulassen«.

Tucholsky war dennoch in der Lage, die Bedeutung eines Romans wie etwa des »Ulysses« von James Joyce auf Anhieb zu erkennen sowie das Neue in Bau und Ton des Werks kenntnisreich zu analysieren. Besonders angetan hatte es ihm das letzte Kapitel, der innere Monolog von Molly Bloom. Er sprach – in seiner 1927 veröffentlichten Kritik – angeregt von einer »Orgelsymphonie der Gedanken« und empfand das Kapitel als »eine bewundernswerte Leistung an Könnerschaft, künstlerischem Mut, Seelenkenntnis«. Joyce habe eine Tür aufgestoßen, die, wie Tucholsky allerdings auch anmerkte, »nach Freud nur noch angelehnt war«. Der Kritiker sah Möglichkeiten und Grenzen der Methode: »Man denkt ungeheuer schnell, man denkt auch manchmal polyphon – während ein schwerer Gedanke wie ein Glockenton in der Tiefe brummt, hüpfen oben die Affen der Assoziation auf und ab. Das kann man nicht aufschreiben. Was gemacht werden konnte, hat Joyce gemacht.« Die sexuellen Gedankensprünge (und die derbe Wortwahl) der Heldin überzeugten Tucholsky nicht besonders.

Er selbst ließ sich als Erzähler zu keinerlei stilistischen Experimenten verführen. Auch der launige Beginn von »Schloß Gripsholm«, der Briefwechsel mit dem Verleger, ist eher verspielt als formal besonders eigenwillig. Im übrigen ist der Roman vollkommen konventionell in der ersten Person erzählt – so auch die dezent, doch eindeutig geschilderte Nacht zu dritt. Tucholsky läßt das Geschehen höchst kunstvoll über den Dialog laufen. Die Geliebte des Ich-Erzählers, Lydia, die »Prinzessin«, hat Besuch von ihrer Freundin Billie bekommen, und eigentlich ist der Mann so lange ausquartiert: Die jungen Frauen liegen im Doppelbett des Schlosses, er im Zimmer nebenan. Wie die beiden ihn dann – beim gemeinsamen Lösen eines Kreuzworträtsels – nach und nach abwehrend-lockend zu sich lassen, das ist meisterhaft inszeniert: »Sie lagen im Bett. Billie in meinem: sie hatte einen knallbunten Pyjama an, auf dem hundert Blumen blühten, jetzt sah sie aus wie die wilde Lieblingsfrau eines Maharadschas ... sie lächelte ruhig in ihr Rätselblatt.«

Knapp und präzise, dabei nicht ohne Feierlichkeit, beschreibt Tucholsky Schritt für Schritt: »Ich richtete mich auf und küßte Billie. Erst ließ sie mich nur gewähren, dann war es, wie wenn sie aus mir tränke. Lange, lange ... Dann küßte ich die Prinzessin. Das war wie eine Heimkehr aus fremden Ländern.« Und weiter: »Es war ein Spiel, kindliche Neugier, die Freude an einer fremden Brust ...« Während des Liebesspiels wird zugleich ein melancholischer Unterton vernehmbar: »Lust steigerte sich an Lust, dann wurde der Traum klarer, und ich versank in ihnen, sie in mir – wir flüchteten aus der Einsamkeit der Welt zueinander. Ein Gran Böses war dabei, ein Löffelchen Ironie, nichts Schmachtendes, sehr viel Wille, sehr viel Erfahrung und sehr viel Unschuld. Wir flüsterten; wir sprachen erst übereinander, dann über das, was wir taten, dann nichts mehr.« Die sexuelle Ausschweifung als feines Seelenmosaik – Tucholsky erweist sich hier als Meister der erotischen Psychologie.

Nicht zufällig ist der Mälarsee Schauplatz des berühmten

Romans. Ende der zwanziger Jahre orientierte Tucholsky sich mehr und mehr nach Schweden. Schon 1928 hatte er hier – in Kivik (Skåne) – für längere Zeit Urlaub gemacht, 1929 blieb er gleich für fünf Monate am Mälarsee. Und nach den gemeinsamen Sommerfreuden in Läggesta mit der realen Freundin Lisa fuhr Tucholsky, von ihr begleitet, weiter Richtung Göteborg. In der Nähe der Stadt, in Hindås, mietete er sich zum 1. Oktober 1929 ein Haus, das er im Januar 1930 bezog. Er richtete sich bürgerlich und komfortabel ein, mitsamt umfangreicher Bibliothek. Es sollte seine letzte Bleibe werden, auch wenn es Tucholsky vorerst noch ausgiebig in andere Länder hinauszog – die schwedische Mentalität blieb ihm offenbar fremd.

Nach außen hin gab sich Tucholsky zu Beginn der dreißiger Jahre noch recht weltläufig, fast ein wenig mondän. So reiste er gern mit zwei schweren Schrankkoffern durch die Gegend, in denen er seine feinen Anzüge bei sich trug. Er war ein Liebling der Frauen und genoß das, auch wenn keine Eroberung ihn zur Ruhe kommen ließ. Im Frühling 1932 brach er von Hindås aus nach Südfrankreich auf, wo er den Sommer an verschiedenen Orten verbrachte, in Le Lavandou etwa und in St. Tropez. In dieser Zeit lernte er Hedwig Müller kennen, Nuuna, wie er sie nannte: eine renommierte Ärztin aus Zürich, die auch Bergsteigerin und begabte Pianistin war – sie wurde zur letzten wichtigen Begegnung seines Lebens. Er kehrte nicht gleich nach Schweden zurück, sondern zog im Herbst 1932 zu ihr in die Zürcher Wohnung (von November an sogar polizeilich gemeldet). Er blieb mehr als ein Jahr in der Schweiz, wo er – wie Thomas Mann – die Machtergreifung 1933 zur Kenntnis nehmen mußte. Für Tucholsky gab es über die Konsequenzen keinerlei Zweifel: Er wußte, wie die Nazis ihn als politischen Gegner haßten. Noch im Sommer 1933 wurde er vom Deutschen Reich ausgebürgert, sein Paß hatte nur noch bis Januar 1934 Gültigkeit. In der Schweiz galt er als Emigrant und unterlag strengen Vorschriften der Fremdenpolizei.

Er fuhr nach Schweden zurück. Im September 1933 – kurz zuvor hatte er sich von seiner zweiten Frau Mary Gerold scheiden lassen – verließ er Zürich und machte sich auf den Weg nach Hindås. Dort, wo er seinen Wohnsitz hatte, rechnete er sich die besten Chancen auf Einbürgerung aus. Im Januar 1934 stellte er den Antrag und legte eine eigenhändige Vita bei, in der er seine verschiedenen Aufenthalte in Schweden und den Mietvertrag für sein Haus erwähnte. Mit Nachdruck wies er auf seine gute finanzielle Situation hin: »Tucholsky hat zu den bestbezahlten deutschen Journalisten gehört.« Zwar sei sein deutsches Vermögen beschlagnahmt worden, doch verfüge er sowohl über ein Konto in Schweden als auch über eines in der Schweiz und habe »keinerlei Schuldverpflichtungen«. Politisch ordnete er sich vorsichtig der bürgerlichen Linken zu. »Da die öffentliche Meinung, wenn die Geschäfte nicht gut gehn, gern alles, was ihr nicht paßt, als ›bolschewistisch‹ ansieht, so wurde T. mitunter als Kommunist bezeichnet«, schrieb er. »Das ist unrichtig: er war nach dem Kriege Mitglied der unabhängigen sozialdemokratischen Partei, und nach deren Verschmelzung mit der sozialdemokratischen Partei Mitglied der SPD.«

Stolz führte er auch die Auflagenzahlen seiner Bücher an. Warum er »Schloß Gripsholm. Eine Sommergeschichte« – damals immerhin schon in der 50. Auflage – mitsamt dem schwedischen Schauplatz nicht besonders hervorhob, ist schwer nachzuvollziehen. Vielleicht war er unsicher, wie das Buch in Schweden eingeschätzt wurde. Gewiß war ihm ganz unvorstellbar, daß es einmal Leser dazu verführen könnte, auf seinen Spuren dem Mälarsee einen Besuch abzustatten.

Die schwedischen Behörden zeigten sich spröde. Zwar schien Tucholsky der lokalen Polizeistelle »ein respektabler Mann« zu sein, doch höheren Orts war man sich unsicher. Der Aufenthalt wurde als »nicht wünschenswert« eingestuft. Immerhin setzte man den Bittsteller nicht vor die Tür und händigte ihm einen schwedischen »Ausländerpaß« aus, der Reisen ins Ausland gestattete (freilich die Rückreise nur mit vorherigem Visum sicherstellte) – mit einer Gültigkeit von jeweils einem halben Jahr. Keine sehr sichere Basis. Tucholsky trat im Frühsommer 1934 zum letzten Mal eine Auslandsreise an: nach Frankreich und in die Schweiz, zwei Wochen verbrachte er bei Nuuna.

Seit 1932 hatte er nichts mehr für die Öffentlichkeit geschrieben. Zeugnisse aus jener Zeit sind rar, und wäre nicht zu Beginn der siebziger Jahre durch Zufall das Konvolut jener Post entdeckt worden, die Tucholsky der Freundin nach Zürich gesandt hatte, so wüßten wir über die letzten Jahre und Monate Tucholskys so gut wie nichts. So aber legen 270 Briefe und 218 beigefügte Blätter Zeugnis von einer zwar wechselhaften, doch sich zunehmend verfinsternden Weltsicht ab. Die in der Zeit zwischen 1932 und 1935 entstandenen »Briefe aus dem Schweigen« wurden – mit erheblichen Auslassungen – 1977 erstmals publiziert, die aus den Jahren 1934/35 stammenden mitgesandten »Q-Tagebücher« im Jahr darauf: zusammen eine intime und zum Teil (daher das »Q« im Titel) chaotisch-verquatschte Chronik.

»Daß ich mein Leben zerhauen habe, weiß ich«, heißt es darin am 19. Dezember 1935, dem Tag, an dem er sich vergiftete (zwei Tage später starb er im Krankenhaus). »Daß ich nicht allein daran schuld bin, weiß ich aber auch.« Bezog er sich auf die politischen Verhältnisse in Deutschland? Den Schriftsteller – soviel ist gewiß – quälte in den letzten Jahren seines Lebens vielerlei: Er litt darunter, die deutsche Öffentlichkeit nicht mehr erreichen zu können (auch wenn er am Ende schrieb: »Es geht mich nichts mehr an«). Er litt an einer Krankheit, die mehrere Kieferoperationen mit sich gebracht hatte. Er litt – wie früher in seinem Leben – an den Frauen (und diese an ihm). Und er haderte mit seiner literarischen Begabung.

»Wir haben in Deutschland viel zu wenig Bücher, die Sprachmelodien exakt wiedergeben«, hatte er 1927 geschrieben, »und ich wüßte nichts, was amüsanter (und was schwerer) wäre.« Tucholsky selbst war ein »Ohrenmensch«, ein unbestechlicher Zuhörer, der die Mitmenschen durch die Wiedergabe ihrer Sprache charakterisieren konnte. Diese Fähigkeit hat er in Hunderten von Miniaturstücken bewiesen – und verschleudert. Kaum einer konnte so wie er in kleinen Alltagsszenen das Leben einfangen: Er brauchte nur in einem Kaufhaus eine ehemalige Verkäuferin im Gespräch mit ihren alten Kolleginnen zu belauschen, und er skizzierte danach auf einer Seite einen ganzen Roman. Aber war das wirklich verschleudert? Heute setzt der Tucholsky-Leser die Bruchstücke wie von selbst zu einem Mosaik zusammen: zum Bild einer Epoche, zum Werk eines großen Schriftstellers, der die umfangreichen Romane, die er vielleicht hätte schreiben können, nicht geschrieben hat. Hätte er sie gern geschrieben? Ja, wenn man einer Notiz von Lisa Matthias aus dem Jahr 1931 glauben darf (dem Jahr, in dem sie sich von Tucholsky trennte): »Er hat es satt – seit zwanzig Jahren – zu geben, zu geben... Er hat kein Kapital und keine Rente hinter sich – er will Bücher schreiben und keine Kleckse hier und dahin streuen.« So mag es sein, daß Tucholsky ursprünglich gehofft hatte, in Schweden Muße für ein größeres Werk zu finden. Schon in jenem Gripsholm-Sommer 1929 berichtete er – in einem Brief aus Läggesta – Mary Gerold, mit der er damals noch verheiratet war, von einem neuen Roman des Amerikaners Sinclair Lewis: »Bei Rowohlt ist ein neuer Lewis heraus... na ja, ich bin eben ein armes Luder. Das ist das, was ich gern machen möchte – aber nicht kann. Ein Babbitt quatscht 200 Seiten lang, man müßte denken unerträglich – es ist zum Platzen gefüllt, von einer Komik – man hört sie alle, alle reden. Aber genau so.« Seine hymnische Kritik von Lewis' »Babbitt«-Roman hatte er 1925 in der »Weltbühne« mit dem Satz begonnen: »Hier sind die amerikanischen Buddenbrooks.« Das Buch rieche nach Wahrheit, schrieb er damals, »und es enthält endlich einmal unser Leben genau so, wie wir die Sache immer angesehen haben: fast ohne Pathos, wissend, schmunzelnd, verzweifelt, mit Kopfschütteln.«

So etwas schwebte ihm selber zeitlebens vor – und sollte ihm mit »Schloß Gripsholm« großartig gelingen, dem Roman voller Alltagston, Anekdoten und Geschichten. Doch war ihm das selbst offenbar nicht genug. Vor allem gab es kein Danach. Er wußte nicht weiter. Zu einer Unruhe, die in ihm lag, kamen die äußeren Beschwernisse und Bedrohungen hinzu: Er fürchtete, daß Schergen der Nazis ihn in seinem Versteck aufstöbern könnten (seinen Briefverkehr wickelte er daher über Nuunas Adresse ab). Seine finanziellen Ressourcen waren nicht unerschöpflich. Ende November 1935 wurde sein Antrag auf die schwedische Staatsbürgerschaft abgelehnt. Das mußte kein endgültiger Bescheid sein (die Wartefrist war allgemein verlängert worden), und Tucholsky gab sich in einem Brief an die Zürcher Freundin vom 30. November sogar leicht optimistisch: »Mir will scheinen, daß das nach dem Ablauf der Zeit klappen wird – aber dafür gibt es natürlich keine Garantie.« Mit dem richtigen Paß hätte er jederzeit problemlos nach Zürich fahren, vielleicht sogar dort bleiben können.

Doch vom selben Tag stammt auch sein Testament, in dem Nuuna mit einer größeren Summe bedacht, seine geschiedene Frau Mary jedoch als Alleinerbin eingesetzt wird. Und Mary Gerold ist es, der er am 19. Dezember 1935, an dem er etliche Schriftstücke verfaßte, den einzigen regelrechten Abschiedsbrief sandte. Warum er gerade an diesem Tag jene Tabletten schluckte, an denen er zwei Tage später starb, wird auch daraus nicht ersichtlich. War es von langer Hand vorbereitet? War es ein jäher Entschluß? »Mir fehlt nichts Wichtiges und nichts Schweres – es sind eine Reihe kleiner Störungen, die mir die Arbeit unmöglich machen«, schrieb er. »Ich habe über das, was da geschehen ist, nicht eine Zeile veröffentlicht – auf alle Bitten nicht.« Ein nicht mehr in jedem Punkt verständlicher, aber doch ganz zielgerichteter Brief ist das, von einem, »der wie ewig gejagt war, der immerzu Furcht, nein, Angst gehabt hat, jene Angst, die keinen Grund hat, keinen anzugeben weiß – heute wäre sie nicht mehr nötig«. Nur ein einziges Mal im Leben habe er geliebt: sie nämlich. Und bekümmert sprach Kurt Tucholsky (»unser ungelebtes Leben«) von ihrer gemeinsam verfehlten Ehe, ließ indirekt Überdruß an der eigenen erotischen Wechselhaftigkeit erkennen: »Wäre die Zeit normal (und ich auch), so hätten wir jetzt ein Kind von, sagen wir, 12 Jahren haben können, und, was mehr ist, die Gemeinsamkeit der Erinnerungen.«

Warum bleiben wir nicht hier?

Auch die kleine Sommergeschichte, die er 1930 in Hindås geschrieben hatte, enthält unterhalb der launigen und verspielten Oberfläche, die schon so viele Leser vergnüglich stimmte, noch eine andere Ebene. Ja, vielleicht ist sogar gerade diese Kehrseite, die hier und da aufblitzt, mit ein Grund für den Erfolg: Noch dort, wo man sich amüsiert, spürt man, welche Kraft diese Leichtigkeit gekostet hat. »Wie weit ist es von einem Mann zu einer Frau« – solche wie nebenbei eingeflochtenen Bemerkungen deuten darauf, daß »Schloß Gripsholm« nicht nur eine Komödie ist. Schon der junge Schriftsteller versteckte, mit Anfang zwanzig, in der »Rheinsberg«-Erzählung solche Nachdenklichkeiten: »Wir haben nichts mehr zu verschleiern, wir wissen um alle Heimlichkeiten der Körper … Und es gibt keine tiefere Sehnsucht als diese: die Sehnsucht nach der Erfüllung. Sie kann nicht befriedigt werden …«

Schloß Gripsholm liegt heute noch so unerschütterlich da wie damals. Die letzte Lebensgefährtin Tucholskys, eine Schwedin, sorgte 1935 dafür, daß er in unmittelbarer Nähe, in Mariefred, bestattet wurde. Erst nach dem Zweiten Weltkrieg trauten sich die Schweden, eine Grabplatte auf den Boden zu legen. »Ich weiß, daß die Wut der Nazis maßlos ist, mich nicht gekriegt zu haben«, hatte Tucholsky 1934 in einem Brief geschrieben. Der Hinweis auf das Grab ist das einzige, was die Stadt Mariefred sich und Tucholsky schuldig zu sein glaubt. Auf einer Übersichtskarte beim Rathaus steht neben dem Wort »kyrkogård«: »Tucholsky grav«. Vom Friedhof aus lassen sich in der Ferne die runden schwarzen Hauben der vier Schloßtürme erkennen. »Da steht Gripsholm«, heißt es in Tucholskys erfolgreichstem Buch. »Warum bleiben wir eigentlich nicht immer hier?«

Die Schuhe im Sand

Max Frisch: »Montauk«

Strand, so weit das Auge reicht. Die Wellen des Atlantiks: nicht gleichmäßig im Rhythmus, manchmal schäumen sie auf den Sand mit besonderer Wucht. Gischt in der Luft, Getöse. Montauk Beach: nur noch wenige Meilen weiter, und Long Island ist zu Ende. New York liegt ein paar Autostunden zurück, in der anderen Richtung. »Montauk – The End« steht auf den Stoßstangen einiger Autos. Auch ohne die Literatur wäre dies ein besonderer Ort – wie alle Grenzorte und Endpunkte. Daß jenseits des Wassers Europa liegt, ist eine sehr abstrakte Vorstellung. Hierher kommen die New Yorker am Wochenende, vor allem im Sommer. Auch jetzt, im Juli, wirkt der Strand leer, nicht zu vergleichen mit unseren Stränden. Hier ist Platz. Viel Privatbesitz entlang des Old Montauk Highway, kleine Villen und schlichte Holzhäuser, dazwischen bewaldete Hügel, Fernsehantennen auf hohem Mast. Die großen Hotels haben eigene Strände: »Wave Crest«, »the Panoramic view«, »Guerney's Inn«, alles kleine Städte für sich, zum Teil in Terrassenform. Sie locken mit »Cable-TV, Pool«. Im Atlantik schwimmt kaum jemand. »Guerney's Inn« ist die feinste Adresse. Dort verbrachte Max Frisch am 11. und 12. Mai 1974 ein Wochenende mit einer jungen Amerikanerin.

Zu verfehlen ist der Ort nicht: Von New York aus fährt man zunächst auf dem Long Island Expressway bis zum »Exit 70«, dann die Route 27, den Sunrise Highway, immer geradeaus, eine große vierspurige Straße, die sich von einer Autobahn nur darin unterscheidet, daß gelegentlich Kreuzungen mit Ampelanlagen zum Halten zwingen.

Ein Wochenende in Montauk – kann das Stoff abgeben für eine Erzählung?

»Jedes Erlebnis bleibt im Grunde unsäglich«, hat der junge Frisch 1949 in sein Tagebuch notiert, »solange wir hoffen, es ausdrücken zu können mit dem wirklichen Beispiel, das uns betroffen hat. Ausdrücken kann mich nur das Beispiel, das mir so ferne ist wie dem Zuhörer: nämlich das erfundene.« Daran hat er sich lange gehalten: Die Romane und Theaterstücke verraten wenig über den Autor, selbst die zwei Tagebücher, 1950 und 1972 erschienen, sind keine intimen Journale. Alles könne man erzählen, läßt Frisch den Helden seines Romans »Stiller« (1954) sagen, »nur nicht sein wirkliches Leben«. Diesmal wollte er es wissen. Trotzig setzte er der Erzählung »Montauk«, die im Herbst 1975 erschien, das Montaigne-Wort voran: »Dies ist ein aufrichtiges Buch, Leser.« Der Gedanke, einfach die Wirklichkeit festzuhalten, die Wirklichkeit eines Wochenendes, kam ihm schon auf Long Island: »12. 5. 1974: das Morgenmeer perlmuttgrau unter tiefem Gewölk, die Brandung flau, keine Sonne. Es ist besser, die Schuhe auszuziehen und barfuß im Sand zu gehen, die Schuhe in den Händen. Möwen über der leeren Küste, lauter als jede Empfindung, lauter als die Brandung.« Weiter heißt es, zunächst in der dritten Person, als würde Frisch über einen Fremden sprechen: »Er fühlt sich wohl. Er stapft. Kurz nachdem er beinah gestolpert ist, weiß er, was er, die Schuhe in den beiden Händen, gedacht hat: Ich möchte dieses Wochenende beschreiben können, ohne etwas zu erfinden, diese dünne Gegenwart.« Und: »Ich möchte wissen, was ich, schreibend unter Kunstzwang, erfahre über mein Leben als Mann.«

Die Erzählung ist autobiographisch und dennoch keine reine Ich-Geschichte. Vielmehr treibt der Erzähler mit Er und Ich ein verzwicktes Spiel, schwankt zwischen der ersten und dritten Person, bisweilen in ein und demselben Satz. Er und Lynn, wie die Geliebte in der Erzählung heißt, am Strand: »Dann wieder kommt es vor, daß sie plötzlich nicht wissen, was reden – dieses Beisammensein tagsüber: nicht langweilig, nur sehe ich dann beide von außen: sie werden einander nicht kennenlernen...«

Es ist mehr als ein Spiel: Die eigene Person wird zum Gegenstand der Betrachtung; sie ist kaum vertrauter als eine fremde oder erfundene Figur – und sie wird, egal ob in dritter oder erster Person, schließlich zu einer Art Fiktion. Das ist das Bestechende an »Montauk«: Wie einer über sich und von sich erzählt, ohne die Gewißheit zu verbreiten: So bin ich, so war ich, seht her – mein Leben! Und das Verwunderliche: Je mehr er über sich verrät, dieser Max Frisch, desto mehr wird er auch sich selber zu einer Romanfigur.

Was für eine Arbeit mag zwischen dem Entschluß am Atlantik und dem fertigen Manuskript gestanden haben. Einer der ersten, der die Erzählung zu sehen bekam, war der Freund Uwe Johnson. Der Schriftstellerkollege bestärkte Frisch darin, sie zu veröffentlichen, und bewunderte, in einem Brief vom Januar 1975, »diese Leistung, aus dem eigenen Leben mit Mitteln der Literatur ein Kunstwerk herzustellen«. Damals gab es noch keine endgültige Fassung. Im

März 1975 schickte Frisch dem Kollegen eine neue Version und schrieb dazu: »Es hat sich gezeigt: viel mehr Memoiren sind auf dem fragilen Wochenende nicht zu verstauen, und ich merke, daß ich froh drum bin; nicht aus Faulheit (schließlich ist der Platz an der Schreibmaschine mein Refugium), sondern weil ich andere Gesellschaft brauche als die der Erinnyen, der artigen.«

»Max, bist du eifersüchtig?«

Montauk ist ein zufälliger Ort. Eine Empfehlung der jungen Frau, die den Autor im Auftrag des amerikanischen Verlags zu begleiten hatte während eines Amerikabesuchs: einmal dorthin zu fahren, gemeinsam. Da sind sie schon ein Paar. »Ihre leichte Zuversicht, daß es schön wäre am Meer, ermuntert ihn zu dem Vorschlag für das nächste Wochenende, sein letztes hier.«

Montauk: das Städtchen liegt etwas abseits von den großen Hotels. Die Halbinsel wird an dieser Stelle noch einmal breiter. Montauk gehört zu East Hampton, einem jener schönen, etwas mondänen Orte längs des Weges von New York hierher, wo viele Reiselustige schon hängenbleiben. Montauk als Stadt lohnt nicht den Besuch: eine amerikanische Kleinstadt wie so viele, gut dreitausend Einwohner. In der Erzählung spielt der Ort eigentlich auch keine große Rolle.

Manches hat Frisch nicht beschrieben. Kein Wunder: Er war nur kurz da und hatte nicht die Absicht, Reisetips zu geben. Der Indianer-Friedhof kommt bei ihm nicht vor: eine Wiese, eingerahmt von einem verrotteten Holzzaun. »Indian Heights« steht auf einer Tafel an einem Telegrafenmast.

Kaum noch zu lesen das kleine Schild am Boden: »Indian Fields Cemetery«. Auf einem fast überwachsenen Stein gibt es ein paar Worte zur Geschichte. Zu finden ist die Stätte schwer, nur mit Ausdauer und Glück stößt man auf die geteerte Abfahrt von der Hauptstraße, bald verwandelt sie sich in eine Holperstrecke. Oben, auf dem Hügel, hat man eine schöne Aussicht. Die Indianer sind zuerst dagewesen: die Montauketts, nach denen der Ort seinen Namen hat. Schon vor mehr als viertausend Jahren sollen sie hier gelebt haben, genau weiß das keiner. Was man weiß: ein freundlicher Stamm, der den ersten weißen Mann, einen Holländer, gewähren läßt, als der 1614 seinen Fuß an Land setzt. Mitte des folgenden Jahrhunderts erst wird hier das erste Haus gebaut. Im April 1776 wollen die Engländer landen, im Bestreben, den Besitz der britischen Krone zu sichern. Ein beherzter Unabhängigkeitskämpfer namens John Drayton tritt ihnen mit ein paar Mann entgegen: Er läßt die Leute zunächst auf einem Hügel erscheinen, dahinter rasch die Kleider wechseln und sich dann auf einem anderen von neuem zeigen. Der Trick wirkt. Die überlegene britische Marine zieht wieder ab. Ende des neunzehnten Jahrhunderts hat man in Montauk große Pläne: Ein Hafen für die Überseeschiffe soll entstehen. Dazu ist es nicht gekommen. Lokalhistorie, zu erfahren im Heimatmuseum.

Zum Leuchtturm, zur Spitze Long Islands, muß man noch ein gutes Stück fahren. »Montauk Point Lighthouse«: Der Weg führt durch Wälder. Da ist, mitten auf der Strecke, auch das kleine grüne Schild: »Overlook«. Auf diesem Parkplatz läßt Frisch seine Erzählung beginnen, an einer Stelle, die Aussicht verheißt – doch nichts ist zu sehen. Für den autobiographischen Erzähler ist das ein kleiner ironischer Vorverweis: Wie der naive Tourist könnte auch der ahnungslose Leser einen Überblick erwarten, ein sicheres Plätzchen, von dem aus sich bequem hinunterschauen läßt: auf ein Leben. Doch wie im Buch, so auch hier: Der klare weite Blick ist nicht zu haben. Nur Büsche ringsum. Den Trampelpfad gibt es noch, auf dem die beiden Touristen 1974 ans Meer zu gelangen versuchten: vergeblich.

Und doch: So zufällig der Besuch in Montauk gewesen sein mag, ganz beliebig ist die Wahl des Ortes als Kulisse für ein Stück Literatur wohl nicht. Oder ist das nur die Perspektive des Lesers? Der ewige Zauber, wenn ein kleiner Teil der Welt herausgeschnitten wird aus der Unendlichkeit irdischer Topographie. Aber hätte es denn jeder Ort sein können? Der indianische Name, die Spitze, die in den Atlantik hinausragt: Montauk hat etwas vom Ende der Welt, hier kann man sich versteckt fühlen, unauffindbar.

Ein älterer Mann, am 11. Mai 1974 sind es noch vier Tage hin bis zu seinem 63. Geburtstag, und eine junge Frau, 31, marschieren durch das Gestrüpp, auf der Suche nach der versprochenen Aussicht. »Wer die beiden sähe, würde nicht ohne weiteres wissen, was von ihnen zu halten ist: Tochter und Vater oder ein Paar? Sie küssen einander nicht; eine Weile lang, als sie auf einen breiteren Weg gelangt sind, gehen sie Hand in Hand, aber dieser Weg führt sie in eine falsche Richtung, und sie verlassen ihn wieder... Wieder denkt er daran, daß niemand (weder in New York noch in Berlin) vermuten kann, wo sie zu dieser Stunde sich befinden. Sie sind unerreichbar. Das haben sie gemeinsam.«

Eine Liebesgeschichte? »Er ist noch immer überrascht, daß er diesen Körper kennt. Er hat es nicht erwartet. Wenn Lynn nicht ab und zu ein Zeichen geben würde, daß auch sie sich an die Nacht erinnert, seine Hände würden nicht wagen, ihren Kopf zu fassen.« Die Geschichte eines Paares, das davon ausgeht, daß seine Begegnung befristet ist (später werden sie sich wiedersehen für längere Zeit, aber das steht nicht mehr in dieser Erzählung): Die beiden haben beruflich miteinander zu tun gehabt, sie haben eine Nacht zusammen verbracht – und nun ihr voraussichtlich letztes gemeinsames Wochenende in Montauk vor sich. Sie sitzen am Strand vor dem Hotel: »Er ist froh, daß Lynn da ist. Es wäre sehr leer ohne die junge Fremde, das Meer und das Gelände mit Dünen und Wind. Er könnte nicht lange hier sitzen, er müßte gehen... Auch wenn er Lynn nicht anschaut: sie macht die Gegenwart, ihr Körper im andern Sessel.«

Die Erzählung »Montauk« ist sprunghaft; es ist nicht leicht, sich einzulesen. Das Wochenende von Montauk, »diese dünne Gegenwart«, ist nur der Rahmen für ganz andere Geschichten: der Liebe, des Abschieds, der Irrtümer, der Vergeblichkeiten. Die Erzählung läßt sich, je nach Kenntnis des Lebens von Max Frisch, unterschiedlich ausforschen. Vieles ist nur angedeutet, kaum ausgesprochen: Namen, Orte, Jahreszahlen, die nicht jedermann verständlich sein mögen. Das tut aber der Verständlichkeit der Geschichte insgesamt keinen Abbruch: Die Daten könnten genausogut Erfindungen sein. Wer Frisch kennt, kann bestätigen: Es sind Bruchstücke aus seinem Leben. In den Details ist nicht das Beispielhafte angestrebt, gerade nicht: »Die Literatur hat die andere Zeit, ferner ein Thema, das alle angeht oder viele – was man von ihren zwei Schuhen im Sand nicht sagen kann...« Nicht Literatur sollte es werden, nicht in erster Linie, und ist doch eine großartige Erzählung geworden.

Tatsächlich: eine Erzählung. Max Frisch erinnert sich in diesem Buch nicht wie ein Autobiograph, sondern fingiert nachträglich schreibend die Situation des Erinnerns: Da sitzt einer am Strand, am Ende der Welt, mit einer Frau, die er nicht besonders gut kennt, er spricht mit ihr. Es kommen einfache Fragen, man spricht in einer Sprache, die der Mann zwar beherrscht, aber die ihm doch ein ganz anderes, einerseits eingeschränktes, anderseits freieres Reden erlaubt als die Muttersprache. Manchmal antwortet er, bisweilen gibt er sich selbst stille Antworten, hin und wieder weiß er keine. Fragen von Lynn: »Max, are you jealous?« Sie, die seine Bücher nicht kennt, fordert ihn heraus. Er habe reichlich über Eifersucht geschrieben, ist seine Antwort; offen bleibt, ob sie auch ausgesprochen wird. »Schon deswegen hat er sich in den letzten Jahren jede Eifersucht versagt. Es wäre keine neue Erfahrung für ihn, wenn er wieder in Eifersucht verfiele; es fiele ihm als Schriftsteller dazu nichts ein, nichts Neues. Es ödet ihn an, was er schon beschrieben hat, die Geschichte mit dem fleischfarbenen Kleiderstoff in Venedig etc.« Der Frisch-Leser weiß: eine Episode aus dem Roman »Stiller«. »Er ist kein Schriftsteller mit großer Fantasie, das stimmt schon.« Was Frisch damit sagen will: Auch in den Romanen finden sich die Erfahrungen seines Lebens; doch versteckt, kaum erkennbar, ausgegeben als Erfindungen. »Ich probiere Geschichten an wie Kleider«, heißt ein Stichwort, ein Selbstzitat aus dem Roman »Mein Name sei Gantenbein « (1964). Frisch merkt dazu in »Montauk« an, nun in der ersten Person: »Immer öfter erschreckt mich irgendeine Erinnerung, meistens sind es Erinnerungen, die eigentlich nicht schrecklich sind; viel Bagatellen, nicht wert, daß ich sie erzähle in der Küche oder als Beifahrer. Es erschreckt mich nur die

Entdeckung: Ich habe mir mein Leben verschwiegen. Ich habe irgendeine Öffentlichkeit bedient mit Geschichten. Ich habe mich in diesen Geschichten entblößt, ich weiß, bis zur Unkenntlichkeit.«

Was Amerika zu bieten hat

Die Erzählung hat bisweilen Züge eines Interviews mit sich selbst – egal ob die Fragen nun von Lynn oder einem Zeitungsreporter stammen, ob es sich um Zitate oder Straßennamen handelt. Es sind Stichworte und -wörter zu einer Selbstbefragung. »Money«: Was bedeutet ihm Geld? (Skurrile Begebenheiten: Einmal steht er in Zürich vor einer Bank und hat das Gefühl, vor Jahrzehnten in dieser Filiale ein Sparbuch angelegt zu haben; und er hat recht.) Was ist Berühmtheit, was Rang? (»Bei Leuten von Rang besteht die Erwartung von Rang nicht blindlings, aber unabhängig von Erfolg oder Nichterfolg; sie selbst setzen die Maßstäbe.«) Freundschaften: Die Geschichte über den Jugendfreund W. ist die längste Episode innerhalb der Erzählung und eine der bestechendsten.

»Montauk« ist ein fein verzweigtes Geflecht, eine sorgsame Komposition. Das Prinzip dieser Komposition: der freie Fluß der Assoziationen, der Erinnerung – Bahn frei den Erinnyen. Doch kein innerer Monolog, kein künstlich nachgeahmter Bewußtseinsstrom, sondern ein Puzzle aus wohlformulierten Bekenntnissen und Erinnerungen. »Montauk« ist eine Selbstvergewisserung angesichts des nahenden Alters. Und es ist kein Zufall, daß die Bilanz dieses Mannes- und Schriftstellerlebens gerade auf amerikanischem Terrain gezogen wird.

Max Frisch reiste 1951 – im Alter von vierzig Jahren – zum ersten Mal in die Vereinigten Staaten. Damals war er vor allem als Dramatiker in Erscheinung getreten und hatte ein amerikanisches Stipendium zugesprochen bekommen (»Rockefeller Grant for Drama«), verbunden mit einem einjährigen Aufenthalt in den USA. Zwischen April 1951 und Mai 1952 war er unterwegs. Von New York aus, wo er ein Apartment in der Christopher Street gemietet hatte, besuchte er Chicago, San Francisco und Los Angeles, später auch andere Städte und, im November 1951, Mexiko. Er schrieb die erste Fassung jenes Romans, der später den Titel »Stiller« tragen sollte, und das Theaterstück »Don Juan oder die Liebe zur Geometrie«.

Das Erlebnis Amerika, nach der Rückkehr zunächst in zwei Aufsätzen skizziert, prägte ihn und sein Schreiben nachhaltig. Nicht nur in »Stiller«, auch im folgenden Roman »Homo faber« (1957) sind Spuren zu finden. Gerade das deutsche Publikum zeigte sich in den fünfziger Jahren von der Weltläufigkeit des Schweizers beeindruckt. Der lässige Umgang mit englischen Wortfetzen und Zitaten aus der amerikanischen Lebenssphäre, für uns keine Überraschung mehr, war damals ungewöhnlich.

Amerika war für Frisch eine Offenbarung. Ohne diese Begegnung wäre er nicht der Schriftsteller geworden, als den wir ihn heute schätzen. »Amerika ist ja kein Land, das wir Europäer als ein Land zu bezeichnen gewohnt sind«, schrieb er schon 1953 in dem Aufsatz »Unsere Arroganz gegenüber Amerika«, »sondern ein Kontinent, nicht von einem Volk bewohnt, sondern von einer Völkerwanderung, die noch keineswegs abgeschlossen ist, und über Amerika zu sprechen, wagen wir bekanntlich nur in den ersten Wochen.«

Seine Begeisterung ließ Kritik nie vermissen, und die Ambivalenz von Frischs Blick auf Amerika gibt dem Bild die nötige Tiefenschärfe. Seiner Romanfigur Walter Faber legte der Autor manch grimmige Bemerkung über den »American Way of Life« in den Mund (damit zugleich europäischen Hochmut karikierend): »Schon was sie essen und trinken, diese Bleichlinge, die nicht wissen, was Wein ist, diese Vitamin-Fresser, die kalten Tee trinken und Watte kauen und nicht wissen, was Brot ist, dieses Coca-Cola-Volk, das ich nicht mehr ausstehen kann.« Was hat Amerika zu bieten? Für Faber vor allem dieses: »Komfort, die beste Installation der Welt, ready for use, die Welt als amerikanisiertes Vakuum, wo sie hinkommen, alles wird Highway, die Welt als Plakat-Wand zu beiden Seiten, ihre Städte, die keine sind, Illuminationen, am anderen Morgen sieht man die leeren Gerüste, Klimbim, infantil, Reklame für Optimisten als Neon-Tapete vor der Nacht und vor dem Tod.«

Max Frisch aber kehrte in regelmäßigen Abständen zurück, vor allem immer wieder nach New York, wo er später in der Prince Street für ein paar Jahre sogar eine eigene Wohnung besaß. Die USA, mit deren Politik der linke Autor oft genug haderte, wurden für ihn zum Inbegriff von Offenheit und Weite – im Gegensatz zu europäischer, vor allem Schweizer Enge und Engstirnigkeit. Und das Land beflügelte ihn als Erzähler.

Die Untreue der Ehefrau

Montauks Wahrzeichen ist der Leuchtturm (er ziert auch die amerikanische Ausgabe von Frischs Erzählung). Er steht hoch oben auf einem Steilufer, ein schöner, achteckiger Turm, 1795 gebaut. Besichtigen kann man ihn nicht. Max Frisch hat ihn 1974 nur aus der Ferne gesehen und für »plump« befunden, ungerechterweise. Was Frisch ebenfalls nicht beschreibt: Das Vergnügen, auf dem Old Montauk Highway zu fahren, ein enormes Auf und Ab wie bei einer Achterbahn; erst oben sieht man, wo es weitergeht; immer wieder eine kleine Seitenstraße, jeweils kurz vorher angekündigt (»Hidden drive«). Auch nicht den See: Montauk Lake mit Fischerei- und Yachthafen; auf dem kleinen Star Island noch ein Leuchtturm, ein kleiner, er gehört zum Yachtclub; dort liegen die vornehmen Privatschiffe, zu Hunderten; an der Einfahrt zum Hafen läßt sich wunderbar Hummer essen; man schaut hinaus aufs Meer, sieht die Schiffe hereinkommen. Montauk, natürlich, hat viele Gesichter; aber ein Gesicht heißt, seit es die Erzählung gibt: »Mein Leben als Mann«.

»My Life as a Man« ist der Titel des Buches, das der amerikanische Schriftsteller Philip Roth dem Schweizer Kollegen am Tag vor dessen Fahrt nach Montauk mit auf den Weg gibt. Frisch fragt sich: »Wieso würde ich mich scheuen vor dem deutschen Titel: Mein Leben als Mann?« Man kann vermuten: Der deutsche Titel wäre zu direkt. Die Erzählung »Montauk« ist nirgendwo indiskret, keine aufdringliche Beichte, keine erotische Konfession; allenfalls solch ein Satz: »Jedes erste Mal mit einer Frau ist wieder das erste Mal; die Verwunderung ohne Erinnerung.« Oder: »Eine wird die letzte Frau sein, und ich wünsche, es sei Lynn, wir werden einen leichten und guten Abschied haben ...« Ein paar Offenbarungen: »Sowie eine Frau mir gefällt, komme ich mir jetzt als Zumutung vor.« Und Feststellungen: »Es wird Zeit, nicht bloß an den Tod zu denken, sondern davon zu reden. Weder feierlich noch witzig.«

Fast versteckt ist die zentrale Offenbarung, auch wenn sich bald erweist, daß fast alle Episoden einen geheimen Bezug zu dieser einen Geschichte haben, alles kreist im Grunde um jenes Ereignis, das in der Mitte des Buches wie nebenbei berichtet wird: eine Untreue der Ehefrau. Während eines Pingpong-Spiels mit Lynn, scheinbar leichthin, erinnert sich der Erzähler daran, wie er erfuhr, daß seine fast dreißig Jahre jüngere Frau ein Verhältnis mit einem anderen Schriftsteller gehabt hat: »Keine Beichte; ein Gespräch über die Selbstverwirklichung der Frau. Sie sagt es beiläufig. Er fällt nicht vom Roß wie der Reiter am Bodensee, sondern geht an die Arbeit; Korrespondenzen beruflicher Art. Eine natürliche Geschichte. Dazu gibt es nicht viel zu sagen. Sie hat ein volles Jahr gedauert; eine große Liebe; sie hätten miteinander leben mögen... Jetzt gilt's: Lynn hat den blauen Schläger in die Hand genommen, sie spielen weiter. Was soll man hier anderes tun. Es ist noch nicht zehn Uhr abends. Die Brandung unter Scheinwerfern. Morgen wird's regnen.« Diese Offenbarung, die über Seiten geht, ist ein glanzvolles Stück Prosa, das in dieser Kunstfertigkeit nur ein Schriftsteller fertigbringt, der sich seiner Mittel völlig sicher ist.

Es ist schwierig, aus »Montauk« zu zitieren. Es sind einfache Sätze, die da stehen. Herausgelöst mögen sie vielleicht schlicht klingen, in der Erzählung vibrieren sie in einem Spannungsfeld. Wenn man das Buch liest, mehrmals liest, stellt man jedesmal verblüfft fest, wie genau selbst die kleinsten, scheinbar nebensächlichen Beobachtungen zu der zentralen Geschichte gehören: Der Erzähler ist getroffen von dem, was man heutzutage kaum noch

Ehebruch zu nennen wagt. Er lehnt sich zurück, schaut in die Wellen, eine Atempause, weit weg von allem, von Europa durch den Atlantik getrennt; ihm geht vieles durch den Kopf.

Da ist der liebevoll und dezent erzählte Bericht über die jahrelange Beziehung zu Ingeborg Bachmann. Da ist die Erinnerung an die erste Ehe des damaligen Architekten, der glaubt, die Schriftstellerei endlich abgeschüttelt zu haben: Frisch als Familienvater mit drei Kindern. »Zwei Mal bin ich bei einer Geburt dabei gewesen; meine Frau hat es gewünscht. Darüber habe ich nie geschrieben. Meine Frau hat gewünscht, daß nicht darüber geschrieben werde. Auch habe ich nie davon gesprochen, glaube ich. Ich sehe es nur. Es ist lange her.« Da ist die zweite Ehe, die zur Zeit der Erzählung noch besteht (sie wurde 1979 geschieden). »Ich habe sie auf Händen getragen: die bequemste Art, umzugehen mit einer Frau, und die schlimmste Art.« Da sind die anderen, denen er begegnet ist: »Manchmal meine ich sie zu verstehen, die Frauen, und im Anfang gefällt ihnen meine Erfindung, mein Entwurf zu ihrem Wesen; zumindest verwundert es sie, wenn ich in ihnen sehe, was mein Vorgänger nicht gesehen hat... Schmeicheln kann jeder, das habe ich nicht nötig; es schmeichelt ihnen, wenn sie mich unter dem Zwang sehen, sie zu erraten. Eine Zeitlang überzeugt es sie, was mir zu ihnen einfällt; ich sehe sie nicht simpel, sondern voller Widersprüche.«

Ein Buch von verschwenderischer Fülle; ein anderer als Max Frisch hätte daraus einen umfangreichen Roman gemacht – oder ausgiebige Memoiren. Doch gerade so, bruchstückhaft, andeutend und skizzierend, fragend und einkreisend, ist »Montauk« ein Schlüsselwerk der Epoche geworden: ein moderner Liebesroman.

Frisch wollte nicht mehr die ausführliche Fiktion, die Verkleidungen in Geschichten – das hatte er gehabt: in den Romanen, die unausgesprochen präsent sind in der kleinen Erzählung, als Grundlage, über die nicht mehr viele Worte verloren werden müssen. Dieses Mal wollte er die Verknappung, die Aussparung (wie dann auch in den beiden Erzählungen danach: »Der Mensch erscheint im Holozän« und »Blaubart«, 1979 und 1982 erschienen). Es ist ihm meisterhaft gelungen. »Montauk« war ursprünglich als Abschluß des Werkes geplant – so hat sich Frisch später im Gespräch geäußert: »Ich dachte, das sei das letzte Buch. Ich wollte alles noch einmal überschauen.« Tatsächlich hat Frisch bis zu seinem Tod am 4. April 1991 in Zürich nur noch wenig geschrieben.

Wer sind die Unfallopfer?

Abschied von Montauk. Auf den Spuren von Max Frisch: ein Abendessen im Restaurant von »Guerney's Inn«, hoch oben auf einem Hügel, unten brandet der Atlantik, erhellt von Scheinwerfern. Danach noch eine Spritztour zum Leuchtturm. Die Wälder sind dicht, die Bäume hoch, nur gelegentlich blitzt es über ihren Wipfeln. Rechts der »Overlook«-Platz, schwarz und leer. Erst kurz vor dem Ende der Straße, kurz vor dem Ende von Long Island trifft einen das Leuchtturmlicht plötzlich mit der Wucht eines aufgeblendeten Autoscheinwerfers – für den Bruchteil einer Sekunde. Dann verzweigt sich die Straße bald, »Keep right«, man fährt eine Schleife, um einen großen Parkplatz herum: Montauk Point. Kein Mensch zu sehen, ruhig rotiert das Licht am Himmel, ein dicker, gebündelter Strahl in zwei Richtungen, berauschender Anblick: Hier könnte wirklich das Ende der Welt sein. Gelegentlich fährt ein Auto vorbei, umrundet den Parkplatz und verschwindet wieder.

Auf der Rückfahrt, 1974, kam es fast zu einem Unfall: Max Frisch, nicht vertraut mit dem geliehenen Wagen und der Automatik, bremst aus Versehen und unvermittelt, als er die nicht vorhandene Kupplung treten will. »Es ist ein Glück, daß Lynn sich angeschnallt hat; ein zweites Glück, daß der Fahrer des nächsten Wagens grad noch ausscheren kann vor dem plötzlich gestoppten Ford ... Das wäre es: zwei Verkehrstote, eine junge Amerikanerin (die genauen Personalien) und ein älterer Schweizer (die genauen Personalien), ihr Wochenende an der Küste wäre erzählbar, unser Wochenende.« Das wäre ein geeigneter Einstieg in eine konventionelle Erzählung. Der Unfall: eine kleine Abwandlung der Wirklichkeit nur – schon hat der Erzähler ein dramatisches Ende, eine Perspektive für sein Erzählen. Wer sind die beiden Unfallopfer? Was wohl haben sie gemeinsam erlebt? Spekulationen, Variationen, Erfindungen: die herkömmlichen Mittel der Literatur. Statt dessen hier eine andere Art von Literatur: »Wie rasch Vergangenheit zustande kommt: – die Gestalt der jungen Fremden auf dem Pfad durch das Gestrüpp, ›Overlook‹, das ist gestern gewesen.«

Die Leichtigkeit dieser Prosa rührt von dem wunderbaren Kunststück her, das Frisch vollbringt: Er nimmt den Leser mit an den Strand, Montauk als Gegenwart. Nichts erfährt man von den Mühen am Schreibtisch, nichts von der Qual der späteren literarischen Rekonstruktion dieses Wochenendes. Es ist ganz einfach da, spürbar, sichtbar: eine Nachschöpfung, eigentlich eine Erfindung. So modern die Konstruktion der Erzählung anmuten will, mit ihren Sprüngen, Rückblenden, Leitmotiven, Assoziationen: das Fundament ist klassisch. Vergegenwärtigung, Veranschaulichung. Ein banales Wochenende ohne Dramatik, ohne Unfall am Ende, ohne tiefere Bedeutung – wie schwer ist es, das Einfache zu beschreiben, »ohne Ereignisse zu erfinden, die exemplarischer sind als die Wirklichkeit; ohne auszuweichen in Erfindungen«.

LITERATURVERZEICHNIS

Die Angaben sind bewußt knapp gehalten. Sie beschränken sich auf die jeweils wichtigsten zitierten und benutzten Werke.

1. Thomas Mann und Travemünde

Werke von Mann:

»An die gesittete Welt«. Politische Schriften und Reden im Exil. Frankfurt am Main 1986

»Bekenntnisse des Hochstaplers Felix Krull«. Frankfurt am Main 1985

»Briefe 1889–1955«. Hrsg. von Erika Mann. 3 Bände. Frankfurt am Main 1961/1963/1965

»Briefe an Otto Grautoff 1894–1901 und Ida Boy-Ed 1903–1928«. Hrsg. von Peter de Mendelssohn. Frankfurt am Main 1975

»Briefwechsel mit Autoren«. Hrsg. von Hans Wysling. Frankfurt am Main 1988

»Buddenbrooks«. Verfall einer Familie. Frankfurt am Main 1981

»Die Briefe Thomas Manns«. Regesten und Register. Hrsg. unter Mitwirkung des Thomas-Mann-Archivs von Hans Bürgin und Hans-Otto Mayer. 5 Bände. Frankfurt am Main 1982–1987

»Ein Brief Thomas Manns an die ›Lübecker Freie Presse‹«. In: Lübecker Freie Presse vom 4.7.1953

»Frage und Antwort«. Interviews mit Thomas Mann 1909–1955. Hrsg. von Volkmar Hansen und Gert Heine. Hamburg 1983

»Frühe Erzählungen«. Frankfurt am Main 1981

»Leiden und Größe der Meister«. Frankfurt am Main 1982
Mann/Agnes E. Meyer: »Briefwechsel 1937–1955«. Hrsg. von Hans Rudolf Vaget. Frankfurt am Main 1992
»Notizbücher 1–14«. Hrsg. von Hans Wysling und Yvonne Schmidlin, 2 Bände. Frankfurt am Main 1991/1992
»Tagebücher 1918–1921«. Hrsg. von Peter de Mendelssohn. Frankfurt am Main 1979
»Tagebücher 1937–1939«. Hrsg. von Peter de Mendelssohn. Frankfurt am Main 1980
»Tagebücher 1946–1948«. Hrsg. von Inge Jens. Frankfurt am Main 1989
»Tagebücher 1949–1950«. Hrsg. von Inge Jens. Frankfurt am Main 1991
»Tagebücher 1953–1955«. Hrsg. von Inge Jens. Frankfurt am Main 1995
»Über mich selbst«. Autobiographische Schriften. Frankfurter Ausgabe. Frankfurt am Main 1983

Über Mann, Travemünde u. a.:

»Buddenbrooks-Handbuch«. Hrsg. von Ken Moulden und Gero von Wilpert. Stuttgart 1988
Gerhard Eckert: »Als die Badekarren rollten«. Ostseebäder von Travemünde bis Glücksburg. Hamburg 1977
Gustav Hillard: »Thomas Mann«. In: »Jahresring 56/57«. Ein Querschnitt durch die deutsche Literatur und Kunst der Gegenwart. Stuttgart 1956
Gustav Lindtke: »Die Stadt der Buddenbrooks«. Lübecker Bürgerkultur im 19. Jahrhundert. Lübeck 1981
Ders.: »Travemünde«. Das Ostseebad in alter Zeit. Lübeck 1969
Erika Mann: »Das letzte Jahr«. Bericht über meinen Vater. Frankfurt am Main 1956
Peter de Mendelssohn: »Der Zauberer«. Das Leben des deutschen Schriftstellers Thomas Mann. Erster Teil 1875–1918. Frankfurt am Main 1975
Klaus Schröter: »Thomas Mann«. Reinbek bei Hamburg 1984 (164.–173. Tausend)
Richard Winston: »Thomas Mann«. Das Werden eines Künstlers 1975 bis 1911. München 1985

2. Marcel Proust und Illiers-Combray

Werke von Proust:

»Auf der Suche nach der verlorenen Zeit«. Werkausgabe (13 Bände). Deutsch von Eva Rechel-Mertens. Frankfurt am Main 1972 (23.–26. Tausend)
»Briefe zum Leben«. 2 Bände. Hrsg. und übersetzt von Uwe Daube. Frankfurt am Main 1978
»Briefe zum Werk«. Hrsg. von Walter Boehlich. Deutsch von Wolfgang A. Peters. Frankfurt am Main 1977
»Jean Santeuil«. 2 Bände. Deutsch von Eva Rechel-Mertens. Frankfurt am Main 1965

Über Proust:

»Das Proust-Album«. Leben und Werk im Bild. Hrsg. von Pierre Clarac und André Ferré. Frankfurt am Main 1975
George D. Painter: »Marcel Proust«. Eine Biographie. 2 Bände. Frankfurt am Main 1980
»Prousts Figuren und ihre Vorbilder«. Hrsg. von William Howard Adams; Fotos von Paul Nadar. Frankfurt am Main 1988
Edmund Wilson: »Axels Schloß«. Studien zur literarischen Einbildungskraft 1870–1930. Berlin 1980

3. Rainer Maria Rilke und Duino

Werke von Rilke:

»Briefe in zwei Bänden«. Hrsg. von Horst Nalewski. Frankfurt am Main 1991
»Briefwechsel mit Anton Kippenberg«. 2 Bände. Hrsg. von Ingeborg Schnack und Renate Scharffenberg. Frankfurt am Main 1995
»Gedichte«. Hrsg. von Dietrich Bode. Stuttgart 1997
Rilke/Lou Andreas-Salomé: »Briefwechsel«. Hrsg. von Ernst Pfeiffer. Frankfurt am Main 1975
»Werke in sechs Bänden«. Frankfurt am Main 1980

Über Rilke, Schloß Duino u. a.:

Sibylle Becker-Grüll: »Vokabeln der Not«. Kunst als Selbst-Rettung bei Rainer Maria Rilke. Bonn 1978

Sigmund Freud: »Briefe 1873–1939«. Hrsg. von Ernst und Lucie Freud. Frankfurt am Main 1980
»Materialien zu Rainer Maria Rilkes ›Duineser Elegien‹«. Band 1: Selbstzeugnisse. Hrsg. von Ulrich Fülleborn und Manfred Engel. Frankfurt am Main 1980
Donald A. Prater: »Ein klingendes Glas«. Das Leben Rainer Maria Rilkes. München 1986
»Rainer Maria Rilke«. Leben und Werk im Bild. Hrsg. von Ingeborg Schnack. Frankfurt am Main 1973
»Rilke«. Leben, Werk und Zeit in Texten und Bildern. Hrsg. von Horst Nalewski. Frankfurt am Main 1992
»Rilkes Duineser Elegien«. Band 2: Forschungsgeschichte; Band 3: Rezeptionsgeschichte. Hrsg. von Ulrich Fülleborn und Manfred Engel. Frankfurt am Main 1982

4. James Joyce und Dublin

Werke von Joyce:

»Briefe«. Hrsg. von Rudolf Hartung. Deutsch von Karl Heinrich Hansen. Frankfurt am Main 1975
»Briefe an Nora«. Hrsg. von Fritz Senn; übersetzt von Kurt Heinrich Hansen und Fritz Senn. Frankfurt am Main 1979
»Briefe an Sylvia Beach«. 1921–1940. Hrsg. von Melissa Banta und Oscar A. Silverman; aus dem Englischen von Claudia Bodmer und Michel Bodmer. Frankfurt am Main 1991
»Ulysses«. Übersetzt von Hans Wollschläger. Frankfurt am Main 1975

Über Joyce, Dublin u. a.:

Frank Delaney: »James Joyce's Odyssey«. A Guide to the Dublin of »Ulysses«. London 1981
Richard Ellman: »Odysseus in Dublin«. Frankfurt am Main 1978
Ders.: »James Joyce«. Zürich 1959
Stuart Gilbert: »Das Rätsel Ulysses«. Eine Studie. Frankfurt am Main 1977
Hugh Kenner: »Ulysses«. Frankfurt am Main 1982
Harry Levin: »James Joyce«. Eine kritische Einführung. Frankfurt am Main 1977

5. Alfred Döblin und Berlin

Werke von Döblin:

»Berlin Alexanderplatz.« Die Geschichte vom Franz Biberkopf. Hrsg. von Werner Stauffacher. Zürich 1996
»Schicksalsreise«. Bericht und Bekenntnis. Hrsg. von Erich Kleinschmidt. Olten 1989
»Schriften zu Leben und Werk«. Hrsg. von Erich Kleinschmidt. Olten 1986

Über Döblin und Berlin:

»Alexanderplatz«. Ein Ort deutscher Geschichte. Berlin 1980
»Alfred Döblin 1878–1978«. Hrsg. von Jochen Meyer. Marbach 1978
Tilmann Buddensieg: »Berliner Labyrinth«. Berlin 1993
Friedrich Christian Delius: »Ich errege die Wut der Gerechten«. In: »Tagesspiegel« vom 14. 2. 1993
»Materialien zu Alfred Döblins ›Berlin Alexanderplatz‹«. Hrsg. von Matthias Prangel. Frankfurt am Main 1975
Matthias Prangel: »Alfred Döblin«. Stuttgart 1987^2
Jürgen Stenzel: »Mit Kleister und Schere«. Zur Handschrift von »Berlin Alexanderplatz«. In: »Text+Kritik«, Heft 13/14, München 1972^2

6. Kurt Tucholsky und Schloß Gripsholm

Werke von Tucholsky:

»Briefe aus dem Schweigen 1932–1935. Briefe an Nuuna«. Hrsg. von Mary Gerold-Tucholsky und Gustav Huonker. Reinbek 1984
»Deutsches Tempo«. Hrsg. von Mary Gerold-Tucholski und Fritz J. Raddatz. Reinbek 1985
»Gesammelte Werke in 10 Bänden«. Hrsg. von Mary Gerold-Tucholsky und Fritz J. Raddatz. Reinbek 1975
»Literaturkritik«. Reinbek 1972
»Schnipsel«. Hrsg. von Wolfgang Hering und Hartmut Urban. Reinbek 1995
»Unser ungelebtes Leben. Briefe an Mary«. Hrsg. von Fritz J. Raddatz. Reinbek 1982

Über Tucholsky:

Dietmar Grieser: »Schauplätze der Literatur. Vom Zauberberg zur Strudelhofstiege«. Frankfurt am Main 1996
Lisa Matthias: »Ich war Tucholsky Lottchen«. Hamburg 1962
Marcel Reich-Ranicki: »Die Anwälte der Literatur«. Stuttgart 1994
Klaus-Peter Schulz: »Tucholsky«. Reinbek 1973[10]

7. Max Frisch und Montauk

Werke von Frisch:

»In Amerika«. Hrsg. von Volker Hage. Frankfurt am Main 1996
»Montauk«. Eine Erzählung. Frankfurt am Main 1975

Über Frisch:

Richard Dindo: »Max Frisch, Journal I–III«. Eine filmische Lektüre der Erzählung »Montauk«. Reinach/Schweiz 1988 (Vertrieb: Rainbow Video)
Volker Hage: »Max Frisch«. Reinbek 1997[11]
Klaus Müller-Salget: »Max Frisch«. Stuttgart 1996

BILDNACHWEIS

Thomas Mann vor dem Kurhaus Travemünde (1953): Hans Kripgans
Im Garten von Illiers-Combray: Klaus Bossemeyer/ Bilderberg
Schloß Duino: Volker Hage
Dublin, Eccles Street N° 7: Volker Hage
Berlin Alexanderplatz (1926): Historia-Photo
Schloß Gripsholm: Johannes Erasmus, Hamburg
Der Leuchturm von Montauk: © F. A. Z.-Magazin/ Stephan Erfurt